建筑经济理论与工程项目管理研究

刘霞 刘翠萍 李海宝 著

辽宁大学出版社 沈阳
Liaoning University Press

图书在版编目（CIP）数据

建筑经济理论与工程项目管理研究/刘霞，刘翠萍，李海宝著. --沈阳：辽宁大学出版社，2024.12.

ISBN 978-7-5698-1891-8

Ⅰ.F407.9；TU712.1

中国国家版本馆 CIP 数据核字第 2024WT7959 号

建筑经济理论与工程项目管理研究

JIANZHU JINGJI LILUN YU GONGCHENG XIANGMU GUANLI YANJIU

出 版 者：	辽宁大学出版社有限责任公司
	（地址：沈阳市皇姑区崇山中路66号　邮政编码：110036）
印 刷 者：	沈阳文彩印务有限公司
发 行 者：	辽宁大学出版社有限责任公司
幅面尺寸：	170mm×240mm
印　　张：	12.25
字　　数：	224 千字
出版时间：	2024 年 12 月第 1 版
印刷时间：	2025 年 1 月第 1 次印刷
责任编辑：	郭　玲
封面设计：	徐澄玥
责任校对：	吴芮杭

书　　号：ISBN 978-7-5698-1891-8

定　　价：88.00 元

联系电话：024-86864613
邮购热线：024-86830665
网　　址：http://press.lnu.edu.cn

前　言

建筑经济理论与工程项目管理是现代建筑业中不可或缺的研究领域，它们对于提升建筑项目的经济效益和社会价值具有重要意义。建筑经济理论主要探讨如何合理配置资源、优化成本控制策略以及提高项目投资回报率等问题，通过对建筑市场的供需分析、项目融资方式的选择和风险评估等手段，为决策者进行决策提供科学的依据。建筑工程项目管理工作贯穿项目进行的全过程，为了使得项目达到最终实施的目标，就需要采取有效的手段，对项目实施合理的策划和控制，使得项目的最终质量目标可以高效地实现。

本书全面探讨了建筑工程经济理论及其在项目管理中的应用。本书首先深入分析了基本建设与建筑业，阐述了建筑工程经济分析的基本原则与要素，并介绍了经济评价的理论与方法。随后，书中对建筑工程项目的可行性、财务评价及国民经济评价进行了详细论述。成本管理章节着重于施工成本管理的各个方面，包括成本计划、成本控制与核算，以及成本分析，旨在实现经济效益最大化。进度管理部分则围绕项目进度计划的编制、实施与调整展开讨论，确保项目按时完成。质量管理章节涉及质量控制、验收监督、统计分析方法及质量改进等环节，强调全面质量管理的重要性。最后，安全管理章节强调了安全管理的重要性，从安全技术措施、隐患排查到职业健康安全管理体系，为构建安全施工环境提供指导。全书旨在为建筑经济与项目管理领域的专业人士提供理论指导和实践参考。

在写作过程中作者参阅了大量相关的书籍及论文，在此对相关文献的作者表示感谢。由于作者水平有限，书中难免存在不妥之处，敬请各位专家、读者批评指正。

作　者

2024 年 10 月

目 录

第一章 建筑工程经济基础理论 ……………………………………………… 1

    第一节 基本建设与建筑业分析 ……………………………………… 1

    第二节 建筑工程经济分析的原则与基本要素 ……………………… 10

    第三节 建筑工程经济评价理论与方法 ……………………………… 25

第二章 建筑工程项目经济分析与评价 ……………………………………… 36

    第一节 建筑工程项目可行性 ………………………………………… 36

    第二节 建筑工程项目财务评价 ……………………………………… 44

    第三节 建筑工程项目国民经济评价 ………………………………… 60

第三章 建筑工程项目施工成本管理 ………………………………………… 74

    第一节 建筑工程项目施工成本管理概述 …………………………… 74

    第二节 建筑工程项目施工成本计划 ………………………………… 80

    第三节 施工成本控制与核算 ………………………………………… 84

    第四节 建筑工程项目施工成本分析 ………………………………… 97

第四章 建筑工程项目进度管理 ……………………………………………… 102

    第一节 建筑工程项目进度管理概述 ………………………………… 102

    第二节 建筑工程项目进度计划的编制 ……………………………… 104

第三节　建筑工程项目进度计划的实施 ································ 115
　　第四节　建筑工程项目进度计划的调整 ································ 118

第五章　建筑工程项目质量管理 ·· 123
　　第一节　建筑工程项目质量控制 ······································ 123
　　第二节　建筑工程项目质量验收监督及体系标准 ···················· 134
　　第三节　建筑工程项目质量控制的统计分析方法 ···················· 143
　　第四节　建筑工程项目质量改进和质量事故的处理 ················· 147

第六章　建筑工程安全管理 ·· 153
　　第一节　安全管理概述 ·· 153
　　第二节　施工安全技术措施 ··· 164
　　第三节　安全隐患和事故处理 ······································ 172
　　第四节　职业健康安全管理体系 ···································· 178

参考文献 ·· 187

第一章 建筑工程经济基础理论

第一节 基本建设与建筑业分析

一、基本建设

基本建设一词源自苏联对增添固定资产的建设活动的称呼，相当于西方国家的"固定资本投资"，用以说明社会主义经济中基本的、需要耗用大量劳动和资金的固定资产的建设，以区别于流动资产的投资和形成过程。但西方国家的固定资本投资不区分哪些是简单再生产，哪些是扩大再生产。

我国的基本建设主要是指社会主义国民经济中投资进行建筑、购置和安装固定资产的经济活动以及与此相联系的其他经济活动。通过新建、扩建、改建和设备更新改造来实现固定资产的简单再生产和扩大再生产。

固定资产的更新改造在比较长的时间里不包括在基本建设的范围内。基本建设投资和更新改造投资统一纳入固定资产投资计划中。

基本建设是形成固定资产的生产活动。固定资产是指在其有效使用期内重复使用而不改变其实物形态的主要劳动资料，它是人们生产和活动的必要物质条件，是一个物质资料生产的动态过程，这个过程概括起来，就是将一定的物资、材料、机器设备通过购置、建造和安装等活动把它转化为固定资产，形成新的生产能力或使用效益的建设工作。

地理学范畴的基本建设是指以扩大生产能力或新增工程效益为主要目标的新建、扩建工程及有关工作，是以投资形式来实现的固定资产再生产，也是落实项目布局的最终环节。

（一）基本建设的主要内容

基本建设是物质资料生产的动态过程，它通过购置、建造、安装等活动，将一定的物资、材料、机器设备转化为固定资产，形成新的生产能力或使用效益。其基本内容包括建筑工程、设备安装工程、设备购置、勘察与设计、其他基本建设工作等。

①建筑工程。包括永久性和临时性的建筑物、构筑物、设备基础的建造，以及照明、水卫、暖通等设备的安装，建筑场地的清理、平整、排水，竣工后的整理、绿化，以及水利、铁路、公路、桥梁、电力线路、防空设施等的建设。

②设备安装工程。包括生产、电力、起重、运输、传动、医疗、实验等各种机器设备的安装，与设备相连的工作台、梯子等的装设，附属于被安装设备的管线敷设和设备的绝缘、保温、油漆等，安装设备的测试盒无负荷试车等。

③设备购置。包括一切需要安装和不需要安装的各种机械设备、电力设备和工具、器具的购买以及加工制作。

④勘察与设计。包括地质勘探、地形测量以及工程设计方面的工作。

⑤其他基本建设工作。指除上述内容以外的基本建设工作，包括机构筹建、土地征用、职工培训及其他生产准备工作。

(二) 基本建设的重要作用

基本建设是国民经济的组成部分，在整个国民经济中占有重要地位，对经济发展起着主导的、决定性的作用。

1. 基本建设是提供、提高生产能力和效益的发动机

基本建设通过资本和劳动的投入，维持简单再生产，不断增强扩大再生产的物质技术基础，满足扩大再生产的需求，为国民经济各部门提供越来越多的生产能力（或效益），是国民经济发展的发动机。

2. 基本建设是调整产业结构，合理配置生产力的调节器

一个国家或地区在不同的经济发展时期，具有不同的产业结构特征。这就要求基本建设投资遵循产业结构演进的一般规律和一定时期的变化趋势，在各部门、各行业之间进行资源的合理配置，调整和优化产业结构，进而推动经济增长。同理，一个国家或地区的空间发展也是不平衡的，为了充分发挥区域优势，通常以能推广应用先进的产业技术、能获得最佳经济效益为理念，进行各个地区、各个行业的产业结构调整，合理配置生产力，依靠基本建设投资在区域上的分布来实现生产力的合理布局，从而促进区域实现合理平衡的发展。因此，通过基本建设可改变国民经济的重大比例关系，可以调节产业和部门结构及生产力的地区分布，促进国民经济的发展。

3. 基本建设是促进社会生产发展和提高人民生活水平的重要保障

基本建设为社会提供住宅和科研、文教、卫生设施以及城市基础设施，改善人民物质文化生活条件，为提高人民生活水平等方面提供了有力的保障。

(三) 基本建设的类别划分

基本建设项目种类繁多，为了计划和管理的需要，建设项目可以从以下不同角度进行分类：

1. 按建设的性质划分

按建设的性质分为新建项目、扩建项目、改建项目、迁建项目和恢复项目。

①新建项目：是指从无到有或新增固定资产的价值超过原有固定资产价值3倍以上的建设项目。

②扩建和改建项目：是在原有企业、事业、行政单位的基础上，扩大产品的生产能力或增加新的产品生产能力，以及对原有设备和工程进行全面技术改造的项目。

③迁建项目：是指原有企业、事业单位，由于各种原因，经有关部门批准搬迁到另地建设的项目。不论其建设规模是否维持其原有规模，都是迁建项目。

④恢复项目：是指对由于自然、战争或其他人为灾害等原因而遭到毁坏的固定资产进行重建的项目。包括按原来规模恢复建设以及在恢复的同时进行扩充建设的部分。

2. 按建设项目的用途划分

按建设项目的用途分为生产性基本建设和非生产性基本建设。

①生产性基本建设是指直接用于物质生产和直接为物质生产服务的建设项目，包括工业建设、建筑业和地质资源勘探事业建设、邮电运输建设、农林水利建设等。

②非生产性基本建设是指用于满足人民物质和文化生活需要的项目的建设，包括住宅、文教和卫生设施建设、科学实验研究建设、公用事业建设、金融保险业的建设以及其他建设等。

3. 按建设规模和对国民经济的重要性划分

按建设规模和对国民经济的重要性，分为大型、中型、小型项目。新建项目按项目的全部设计规模（生产能力）或所需投资（总概算）计算。扩建项目按扩建新增的设计生产能力或扩建所需投资（扩建总概算）计算，不包括扩建以前原有的设计生产能力。对于工业建设项目和非工业建设项目的大、中、小型划分标准，国家相关部门有明确规定。生产单一产品的工业企业，其规模按产品的设计生产能力进行划分。如：水泥厂，年产量100万吨以上的为大型项目；20万～100万吨（特种水泥5万吨以上）为中型项目；20万吨（特种水泥5万吨以下）以下为小型项目。生产多种产品的工业企业，按其主要产品的设计生产能力划分；产品种类繁多，不好按产品设计生产能力划分的，则按全部投资额划分。如其他建材行业，总投资 2000 万元以上为大型项目，总投资 1000 万～2000 万元为中型项目；总投资 1000 万元以下为小型项目。大、中型项目是国家重要的工程项目，对国民经济的发展具有重要意义。

4. 按项目的投资来源划分

按项目的投资来源，可划分为政府投资项目和非政府投资项目。社会的总投资是由政府投资和非政府投资两大部分构成的。

①政府投资指政府为了实现其职能，满足社会公共需要，实现经济和社会发展战略，投入资金用以转化为实物资产的行为和过程。

②非政府投资是指企业、集体单位、外商和私人投资兴建的工程项目。这类项目一般均实行项目法人责任制。对于企业不使用政府投资建设的项目，一律不再实行审批制，区别不同情况实行核准制或登记备案制。

5. 按项目建设过程划分

按项目建设过程，可划分为筹建项目、施工项目、建成投产项目、收尾项目。

①筹建项目：指尚未开工，正在进行选址、规划、设计等施工前各项准备工作的建设项目。

②施工项目：指报告期内实际施工的建设项目，包括报告期内新开工的项目、上期跨入报告期续建的项目、以前停建而在本期复工的项目、报告期施工并在报告期建成停产或停建的项目。

③建成投产项目：指报告期内按规定设计的内容，形成设计规定的生产能力（或效益）并投入使用的建设项目，包括部分投产项目和全部投产项目。

④收尾项目：指已经建成投产和已经组织验收，设计能力已全部建成，但还遗留少量尾工须继续进行扫尾的建设项目。

6. 按项目工作阶段划分

按项目工作阶段划分为项目决策阶段、项目计划设计阶段、项目实施控制阶段、项目完工交付阶段。

（1）项目决策阶段

在这一阶段中，人们提出一个项目的提案，并对项目提案进行必要的机遇与需求分析和识别，然后提出具体的项目建议书。在项目建议书或项目提案获得通过以后，需要进一步开展不同详细程度的项目可行性分析，最终做出项目方案的抉择和项目的决策。

（2）项目计划设计阶段

在这一阶段中，人们首先为已经决策要实施的项目编制各种各样的计划

（针对整个项目的工期计划、成本计划、质量计划、资源计划和集成计划等）。同时，还需要进行必要的项目设计工作，以全面设计和界定项目，并且还要拟定项目各阶段所需要开展的工作，提出有关项目产出物的全面要求和规定。

（3）项目实施控制阶段

在这一阶段中，人们开始实施项目。在项目实施的同时，人们要开展各种各样的控制工作，以保证项目实施的结果与项目设计、计划的要求和目标相一致。

（4）项目完工交付阶段

项目还需要经过一个完工交付的工作阶段才能够真正结束。在项目的完工交付阶段，人们要对照项目定义和决策阶段提出的项目目标和项目计划设计阶段所提出的各种项目要求，首先由项目团队全面检验项目的整个工作和项目的产出物，其次由项目团队向项目的业主或用户进行验收和移交工作，直至项目的业主或用户最终接受了项目的整个工作和工作结果，项目才算最终结束。

（四）基本建设的程序阶段

基本建设是现代化大生产，一项工程从计划建设到建成投产，要经过许多阶段和环节，客观规律性很强。这种规律性，与基本建设自身所具有的技术经济特点有着密切的关系。为了保证建设项目决策正确、建设顺利，实现预期目标，提高投资效果，必须遵循基本建设程序。

基本建设程序是对基本建设项目从酝酿、规划到建成投产所经历的整个过程中的各项工作开展先后顺序的规定。它反映工程建设各个阶段之间的内在联系，是从事建设工作的各有关部门和人员都必须遵守的原则。任何项目的建设过程，一般都要经过计划决策、勘察设计、组织施工、验收投产等阶段，每个阶段又包含着许多环节。这些阶段和环节有其不同的工作步骤和内容，它们按照自身固有的规律，有机地联系在一起，并按客观要求的先后顺序进行。

现行的基本建设程序分为七个主要阶段，分别是：项目建议书阶段、可行性研究报告阶段、设计工作阶段、建设准备阶段、建设施工阶段、竣工验收阶段和项目后评估阶段。这些阶段和环节各有其不同的工作内容。

1. 项目建议书阶段

项目建议书是建设单位向国家提出的要求建设某一建设项目的建议文件，即投资者对拟兴建项目的建设必要性、可行性以及建设的目的、要求、计划等进行论证并写成报告，建议上级批准。

2. 可行性研究报告阶段

项目建议书一经批准，即可着手进行可行性研究，对项目在技术上是否可行、经济上是否合理进行科学分析和论证。可行性研究报告阶段主要包括进行可行性研究、可行性研究报告的编制、可行性研究报告审批等环节。

3. 设计工作阶段

设计是对拟建工程的实施在技术上和经济上所进行的全面而详尽的安排，是建设计划的具体化，是组织施工的依据，是整个工程的决定性环节，它直接关系着工程质量和将来的使用效果。可行性研究报告经批准后的建设项目可通过招投标选择设计单位，按照已批准的内容和要求进行设计，编制设计文件。如果初步设计提出的总概算超过可行性研究报告确定的总投资估算10%以上或其他主要指标需要变更时，要重新报批可行性研究报告。

4. 建设准备阶段

项目在开工建设之前要切实做好各项准备工作，主要内容有：征地、拆迁和场地平整；完成施工用水、电、路；组织设备、材料订货；准备必要的施工图纸；组织施工招标，择优选定施工单位。项目在报批开工之前，根据批准的总概算和建设工期，合理编制建设项目的建设计划和建设年度计划，计划内容要与投资、材料、设备相适应，配套项目要同时安排，相互衔接。

5. 建设施工阶段

建设项目经批准开工建设，项目即进入了施工阶段，建设工期从开工时算起。项目开工时间，是指建设项目设计文件中规定的任何一项永久性工程第一次破土、正式打桩的时间。施工项目投产前进行的一项重要工作是生产准备。它是项目建设程序中的重要环节，是衔接基本建设和生产的桥梁，是建设阶段转入生产经营的必要条件。建设单位应当根据建设项目或主要单项工程生产技术的特点，适时组成专门班子或机构，做好各项生产准备工作，如招收和培训人员、生产组织准备、生产技术准备、生产物资准备等。

6. 竣工验收阶段

竣工验收是工程建设过程的最后一环，是全面考核建设成果、检验设计和工程质量的重要步骤，也是项目建设转入生产或使用的标志。通过竣工验收，一是检验设计和工程质量，保证项目按设计要求的技术经济指标正常生产；二是有关部门和单位可以总结经验教训；三是建设单位对验收合格的项目可以及时移交固定资产，使其由建设系统转入生产系统或投入使用。凡符合竣工条件而不及时办理竣工验收的，一切费用不准再由投资中支出。

7. 项目后评估阶段

建设项目后评估是工程项目竣工投产、生产运营一段时间后，对项目的立项决策、设计施工、竣工投产、生产运营等全过程进行系统评价的一种技术经济活动，通过建设项目后评估达到肯定成绩、总结经验、研究问题、吸取教训、提出建议、改进工作、不断提高项目决策水平和投资效果的目的。

工程建设是社会化大生产，有其内在的客观规律。上述程序中，以可行性研究报告得以批准作为一个重要的"里程碑"，通常称之为批准立项，此前的建设程序可视为建设项目的决策阶段，此后的建设程序可视为建设项目的实施阶段。

二、建筑业

建筑业是我国重要的支柱产业之一。建筑业是以建筑产品生产为对象的物质生产部门，是国民经济体系中专门从事土木工程及附属设施的建造、线路、管道和设备的安装以及装饰装修活动的行业。其产品是各种工厂、矿井、铁路、桥梁、港口、道路、管线、住宅以及公共设施的建筑物、构筑物和设施。

（一）建筑业的基本特征

建筑业的特征是由建筑产品和建筑生产的特点决定的。和其他工业产品相比，建筑产品具有以下特点：建筑产品的多样性和生产的单件性；建筑产品的固定性和生产的流动性；建筑产品体积庞大，生产周期长，消耗多，生产受气候影响较大；建筑产品销售的特殊性，不是实物形态在空间上的转移，而是权益的转换。这些特点使得建筑业具有七个特征：①建筑业属于劳动密集型行业；②建筑业的物质资源消耗量大；③建筑业受国家经济政策（生产需求）影响大；④建筑业与环境密切相关；⑤建筑业的人力雇佣以项目为中心；⑥建筑业生产零散；⑦建筑业进入的障碍小。

（二）建筑业的实施范围

根据国民经济行业分类国家标准《国民经济行业分类》，将国民经济行业划分为以下19个门类：农、林、牧、渔业，采矿业，制造业，电力、燃气及水生产和供应业，建筑业，批发和零售业，交通运输、仓储和邮政业，住宿和餐饮业，信息传输、软件和信息技术服务业，金融业，房地产业，租赁和商务服务业，科学研究和技术服务业，水利、环境和公共设施管理业，居民服务、修理和其他服务业，教育、卫生和社会工作业，文化、体育和娱乐业，公共管理、社会保障和社会组织，国际组织。

其中，将建筑业进一步划分为房屋建筑业（指房屋主体工程的施工活动，不包括主体工程施工前的工程准备活动）、土木工程建筑业（包括铁路、道路、隧道和桥梁工程建筑，水利和内河港口工程建筑，海洋工程建筑，工矿工程建筑，架线和管道工程建筑，其他土木工程建设）、建筑安装业（包括电气安装、管道和设备安装、其他建筑安装业）建筑装饰和其他建筑业（包括建筑装饰业、工程准备活动、提供施工设备服务、其他未列明建筑业等）。

（三）建筑业在国民经济中的地位与作用

建筑业属于第二产业，是一个独立的物质生产部门，生产独具特色的建筑产品，具有区别于其他部门的技术经济特点，拥有健全的管理机构和稳定的生产队伍，是我国的支柱产业。

1. 建筑业为国民经济各部门提供物质基础

现代建筑对于人类来说，不仅仅是赖以生存的基础，还更多地表现出政治、社会、文化、经济对人类的交互作用，是人民生活的重要物质基础，是人类为社会创造价值的场所，也是人类自身发展的环境。改革开放以后，我国建筑业发展迅速，其产品转给使用者以后，就形成各种生产性和非生产性的固定资产，长江三峡水利枢纽、青藏铁路、京沪高速铁路、苏通跨江大桥和杭州湾跨海大桥、北京奥运会场馆、上海世博会场馆等一大批高精尖工程的顺利竣工和投入使用，为我国的经济建设、国防建设、文化建设和民生改善发挥了巨大作用。

2. 建筑业在国民经济中占较大比重

建筑业作为国民经济的重要物质生产部门与整个国家经济的发展、人民生活水平的改善有着密切的关系。随着国民经济的快速增长，固定资产投资率逐年提高，在每年国家和社会的固定资产投资中，有3/5～3/4是由建筑业来完成的。建筑业增加值平稳上升，扣除价格因素，年均增长12%左右。建筑业增加值在国内生产总值（GDP）总量排序中，长期稳居于国民经济各产业部门的前6位。建筑业的快速发展，大大改善了城乡面貌和人民居住环境，加快了城镇化进程，带动了相关产业发展，成为拉动国民经济快速增长的支柱产业。

3. 建筑业提供大量就业机会，税收贡献突出

我国建筑业不断推进结构调整和产业升级，加快转变增长方式，规模不断扩大，支柱地位日益凸显，为转移农村富余劳动力、增加农民收入发挥了重要作用。目前，建筑业的从业人员已达到4100多万人，约占全社会从业人员的5%，至少直接影响到全国1亿多人口的生存和生活质量。建筑业不仅直接拉动了国民经济增长，同时也吸纳了城镇化及农村结构调整所转移的大量劳动力，缓解了就业压力，有力地支持了社会主义新农村建设和"三农"问题的解决。根据国家相关部门统计，建筑业接纳了农村接近1/3的富余劳动力就业。此外，建筑业利税总额增加明显，建筑业每年向国家财政提供的利税数在国家财政收入中占到10%～30%的比重，在一些地区成为本地财政的支柱性财源，增加值占到GDP的10%～15%，税收贡献突出，为经济的发展和人员就业作出了重要贡献。

4. 建筑业前后关联度大，能带动许多相关产业的发展

在整个国民经济中，没有一个部门不需要建筑产品，而几乎所有的部门也都向建筑业提供不同的材料、设备、生活资料、知识或各种服务。建筑业的发展带动了相关产业的发展和繁荣，促进了建材工业、冶金工业、木材及木材加工业、有色金属制造业、化工、轻工、电子、森工、运输等 50 多个相关产业的发展。

5. 建筑业创汇能力逐年增强，潜力巨大

随着我国建筑经济的发展以及改革开放的不断深入，我国在国际建筑承包市场中也具有很大的潜力。通过走向国际承包市场，既能发展经济、扩大影响，又可以带动资本、技术、劳务、设备及商品输出创收外汇。建筑业对外承包和劳务合作有一定的实力，入选全球最大 225 家国际承包商的中国公司逐步增加，因此，国家将建筑业作为国民经济重要支柱产业之一，加以引导、扶持。

6. 建筑业对国民经济发展有一定的调节作用

由于建筑业在国民经济中的特殊地位，在市场经济条件下，它最能灵敏地反映国民经济的繁荣和萧条。当国民经济各个行业处于繁荣期时，全社会对固定资产和住宅消费的需求增加，建筑业同样处于兴旺时期；当国民经济处于萧条期时，建筑业的任务来源减少，从而处于衰落时期。建筑业对整个国民经济可产生很大的相关效应，因而当国民经济处于萧条期时，可以通过扩大国家对公共事业的投资，如市政工程、高速公路等，使建筑业不要衰落下去，这样也就刺激了与建筑业密切相关的行业的发展，从而引起对其他行业需求的螺旋式增长。反之，当国民经济出现过热现象时，国家可通过减小公共投资规模，取消对住宅消费的优惠政策等措施，抑制建筑业的发展，从而也就抑制了其他行业的发展，使国民经济走上稳定发展的轨道。我国实行的是社会主义市场经济，建筑业对国民经济的这种调节作用是通过扩大或压缩固定资产投资规模来实现的。

7. 建筑业可以吸收大量的消费资金

当人民生活水平提高到一定程度时，社会消费资金会有较大幅度的增加。把社会消费资金（包括储蓄）吸引到住宅消费上来是一个两全齐美的办法。这样一方面为社会消费资金提供了良好的出路；另一方面也为建筑业提供了大量的生产资金，从而达到引导消费、调整消费结构、促进生产的效果。

总之，建筑业的发展是中国特色社会主义市场经济发展的必然要求；是完善我国建筑业产业结构的必然要求；是规范我国建筑业市场秩序，促进我国建筑业良性发展的必然要求；是缓解城镇就业压力、分流农村富余劳动力，实现

社会和谐发展的必然要求。因此，国家有关部门在保持国有建筑经济的控制力的同时，应积极规范市场秩序，完善相关政策、法规，鼓励、引导建筑经济的发展。同时，对其发展要按照市场经济及建筑业的发展规律制订长远规划，实行总量控制，不能一哄而上、无序进行。

第二节 建筑工程经济分析的原则与基本要素

一、建筑工程经济分析的原则

（一）技术可行基础上的选择替代方案原则

工程经济学的研究内容是在技术上可行的条件已确定后，也就是在技术可行性研究的基础上进行经济合理性的研究与论证工作。工程经济学不包括应由工程技术学解决的技术可行性的分析论证内容，它为技术可行性提供经济依据，并为改进技术方案提供符合社会采纳条件的改进方案。

无论在何种情况下，为了解决技术经济问题，都必须进行方案比较，而方案比较必须要有能解决统一问题的"替代方案"。所谓替代方案就是方案选择时，用于比较或相互进行经济比较的一个或若干个方案。由于替代方案在方案比较中占有重要地位，因此，在选择和确定替代方案时应遵循"无疑、可行、准确、完整"的原则。无疑就是对实际上可能存在的替代方案都要加以考虑；可行就是只考虑技术上可行的替代方案；准确就是从实际情况出发选好选准替代方案；完整就是指方案之间的比较必须是完整的比较，不是只比较方案的某个部分。

（二）技术与经济相结合原则

工程经济学是研究技术和经济相互关系的学科，其目的是根据社会生产的实际以及技术与经济的发展水平，研究、探求和寻找使技术与经济相互促进、协调发展的途径。所以，在讨论、评价工程项目或技术方案时，应当遵循技术与经济相结合的原则。

技术是经济发展的重要手段，技术进步是推动经济前进的强大动力，人类几千年的文明史证明了这一点。同时，技术也是在一定的经济条件下产生和发展的，技术的进步要受经济情况和条件的制约，经济上的需求是推动技术发展的动力。技术与经济这种相互依赖、相互促进、相辅相成的关系，构成了考虑与评价技术方案的原则之一，而经济效益评价又是决定方案取舍的重要依据，在评价方案的技术问题时，既要考虑方案技术的宏观影响，使技术对国民经济和社会经济发展起到促进作用,又应考虑到方案技术的微观影响,使得采用的技术能有效地结合本部门、本单位的具体实际,发挥出该项技术的最大潜能,创造出该技术的最大价值,同时,又要注意避免盲目追求所谓的"最先进的技术"。

因此,在应用工程经济学的理论评价工程项目或技术方案时,既要评价其技术能力、技术意义,又要评价其经济特性、经济价值,将二者结合起来,寻找符合国家政策、符合产业发展方向且又能给企业带来发展的项目或方案,使之最大限度地创造效益,促进技术进步及资源开发、环境保护等工作的共同发展。

(三) 工程经济的可比性原则

1. 使用价值的可比

任何一个项目或方案实施的主要目的都是满足一定的社会需求,不同项目或方案在满足相同的社会需求的前提下也能进行比较。

①产品品种可比。产品品种是指企业在计划期内应生产的产品品种的名称、规格和数目,反映企业在计划期内在品种方面满足社会需要的情况。

②产量可比。这里的产量是指项目或技术方案满足社会需要的产品的数量。

③质量可比。质量不同,满足程度也将不同,所以要求参加比较的方案必须在质量上可比。所谓质量可比是指不同项目或技术方案的产品质量相同时,直接比较各项相关指标;质量不同时,则需经过修正计算后才能比较。例如,日光灯和白炽灯两种灯具方案,不能用数量互相比较,而应在相同的照明度下进行比较。

2. 相关费用的可比

相关费用的可比是指在计算和比较费用指标时,不仅要计算和比较方案本身的各种费用,还应考虑相关费用,并且应采用统一的计算原则和方法来计算各种费用。

①方案的消耗费用必须从社会全部消耗的角度,运用综合的系统的观点和方法来计算。根据这一要求,技术方案的消耗费用计算范围不仅包括实现技术方案本身直接消耗的费用,而且应包括与实现方案密切相关的纵向和横向的相关费用。例如,修建一座混凝土搅拌站的目的是向用户提供混凝土,其消耗费用不仅要计算搅拌站本身的建设和生产费用,还要计算与之纵向相关的原材料的采购运输费用和成品送至用户的运输等项目的费用。再例如,居住小区建设,除主要工程(住宅)的耗费外,还要计算配套工程等的耗费,故在进行小区建设方案比较时,应将各方案在主要工程的耗费和配套工程的耗费合并

计算。

②方案的劳动费用，必须包括整个寿命周期内的全部费用。也就是说，既要计算实现方案的一次性投资费用，又要计算方案实现后的经营或使用费用。

③计算方案的消耗费用时，还应统一规定费用结构和计算范围，如规定估算基本建设投资时包括对固定资产和流动资金的估算；采用统一的计算方法，即指各项费用的计算方法、口径应一致，如对投资和生产成本的估算方法应采用相同数学公式；费用的计算基础数据要一致，就是指各项费用所采用的费率和价格应一致。因此，要求方案在价格上有可比性。

3. 时间的可比

对于投资、成本、产品质量、产量相同条件下的两个项目或技术方案，其投入时间不同，经济效益明显也不同。一是经济寿命不同的技术方案进行比较时，应采用相同的计算期作为基础；二是技术方案在不同时期内发生的效益与费用，不能直接相加，必须考虑时间因素。技术方案的经济效果除了数量概念外，还有时间概念。时间上的可比就是要采用相同的计算期，考虑资金时间价值的影响等。

4. 价格的可比

每一个项目或技术方案都有产出，同时消耗物化劳动，既有产出也有收入。要描述项目或方案产出和投入的大小，以便与其他的项目或技术方案进行比较，就要考虑价格因素。价格的可比性是分析比较项目或技术方案经济效益的一个重要原则。

要使价格可比，项目或技术方案所采用的价格指标体系应该相同，这是价格可比的基础。对于每一个项目或技术方案，无论是消耗品还是产品，均应按其相应的品目价格计算投入或产出。

二、建筑工程经济分析的基本要素

（一）投资要素

1. 投资构成

根据工程项目建设与经营的要求，投资者要形成一定的生产能力，所需要的项目总投资应包括三个部分，即建设投资、建设期利息和流动资金。

（1）建设投资

建设投资是指项目按给定的建设规模、产品方案和工程技术方案进行建设所需要的费用。它是项目费用的重要组成部分，也是项目财务分析的基础数据。建设投资可按形成资产法或概算法进行分类。按形成资产法分类，建设投资由固定资产费用、无形资产费用、其他资产费用和预备费用四个部分组成。

①固定资产费用。固定资产是指使用年限在1年以上，单位价值在一定限额以上，在使用过程中始终保持原有物质形态的资产。固定资产主要包括房屋、建筑物、机械、运输设备和其他与生产经营有关的设备、器具、工具等。不属于生产经营主要设备的物品，单位价值在2000元以上，使用年限超过2年的也作为固定资产。在不同的分析时期，固定资产具有以下不同的价值：

第一，固定资产原值：项目建成投产时核定的固定资产值，其大小等于购入或自创固定资产时所发生的全部费用。

第二，固定资产净值：固定资产使用一段时间后所具有的价值，其大小等于固定资产原值扣除累计的折旧费。

第三，固定资产重估值：在许多情况下，由于各种原因，固定资产净值往往不能反映当时固定资产的真实价值，需要根据社会再生产条件和市场情况对固定资产重新估价，估得的价值即为固定资产重估值。

第四，固定资产残值：项目寿命期结束时，固定资产的残余价值（一般指当时市场上可以实现的价值）。

固定资产费用是指项目投产时将直接形成固定资产的建设投资，包括工程费用和工程建设其他费用中按规定所形成的固定资产费用（又称为固定资产其他费用）。固定资产其他费用主要包括建设单位管理费、可行性研究费、研究试验费、勘察设计费、环境影响评价费、场地准备及临时设施费、引进技术和引进设备其他费、工程保险费、联合试运转费、特殊设备安全监督检验费和市政公用设施及绿化费等。固定资产费用所形成的资产就是固定资产原值。

②无形资产费用。无形资产是指具有一定价值或可以为所有者带来经济利益，能在比较长的时期内持续发挥作用且不具有独立实体的权利和经济资源。无形资产包括专利权、著作权、商标权、土地使用权、专有技术、商誉等。无形资产费用是指直接形成无形资产的建设投资，即形成专利权、非专利权技术、商标权、土地使用权和商誉等所需要的建设投资。

③其他资产费用。其他资产费用是指除货币资金、交易性金融资产、应收及预付款项、存货、长期投资、固定资产、无形资产以外的资产。其他资产费用主要包括开办费、长期待摊费用和其他长期资产。开办费指企业在筹建期间，除应计入有关财产物资价值以外所发生的各项费用，包括人员工资、办公费、培训费、差旅费、印刷费、注册登记费以及不计入固定资产价值的借款费用等。长期待摊费用指摊销期在一年以上的已付费用，如经营性租入固定资产的改良支出和固定资产大修理支出等。其他长期资产一般包括国家批准储备的特种物资、银行冻结存款以及临时设施和涉及诉讼中的财产等。

④预备费用。预备费用是为了工程建设实施阶段可能发生的风险因素导致

的建设费用的增加而预备的费用。预备费用包括涨价预备费和基本预备费两大类。

第一，涨价预备费。涨价预备费是指建设期间由于利率、汇率或价格等因素的变化而预留的可能增加的费用。其内容包括：人工、设备、材料、施工机械的价差费，建筑安装工程费及工程建设其他费用调整，利率、汇率调整等增加的费用。涨价预备费的计算方法，一般是根据国家规定的投资综合价格指数，以估算年份价格水平的投资额为基数，采用复利法计算。

第二，基本预备费。基本预备费主要是为解决在施工过程中，经上级批准的设计变更和国家政策性调整所增加的投资以及为解决意外事故而采取措施所增加的工程项目费用，又称工程建设不可预见费。主要指设计变更及施工过程中可能增加工程量的费用，具体包括以下方面：

第一，在进行设计和施工过程中，在批准的初步设计范围内，必须增加的工程和按规定需要增加的费用（含相应增加的价差及税金）。

第二，在建设过程中，工程遭受一般自然灾害所造成的损失和为预防自然灾害所采取措施发生的费用。

第三，在上级主管部门组织施工验收时，验收委员会（或小组）为鉴定工程质量，必须开挖和修复隐蔽工程的费用。

第四，由于设计变更所引起的废弃工程发生的费用，但不包括施工质量不符合设计要求而造成的返工费用和废弃工程发生的费用。

第五，征地、拆迁的价差。基本预备费按工程费用（即建筑工程费、设备及工器具购置费和安装工程费之和）和工程建设其他费用两者之和乘以基本预备费的费率计算。

（2）建设期利息

建设期利息又称为建设期资本化利息，是指项目在建设期内因使用外部资金（如银行贷款、企业债券、项目债券等）而支付的利息。建设期利息应计入固定资产原值。

为了便于分析和计算，通常假定借款均在每年的年终支用，当年使用的建设资金借款按半年计息，其余各年份（上一年年末或本年年初借款累计）按全年计息。

当采用自有资金计息时，按单利计算，即：

各年应计利息＝（年初借款本金累计＋本年借款额/2）×名义年利率

当采用复利方式计息时：

各年应计利息＝（年初借款本金累计＋本年借款额/2）×实际年利率

（3）流动资金

广义的流动资金是指企业全部的流动资产，包括现金、存货（材料、在制品、产成品）应收账款、有价证券、预付款等项目。以上项目皆属业务经营所必需，故流动资金有一通俗名称，称为营业周转资金。

狭义的流动资金是指流动资产减去流动负债的差额，即所谓的净流动资金。净流动资金的多寡代表企业的流动地位，净流动资金越多表示净流动资产越多，其短期偿债能力较强，因而其信用地位也较高，在资金市场中筹资较容易，成本也较低。

①流动资金的特点：流动资金的特点包括：A. 流动资金占用形态具有变动性；B. 流动资金占用数量具有波动性；C. 流动资金循环与生产经营周期具有一致性；D. 流动资金来源具有灵活多样性。

②流动资金的构成：企业流动资金按其所处的领域分为生产领域的流动资金和流通领域的流动资金。前者又可分为储备资金与生产资金，后者又可分为货币资金与商品资金。流动资金在生产资金中占有很大比重，在纺织工业、机械工业、食品工业中要占2/3以上。节约流动资金对于降低物资消耗、降低产品成本、提高企业经济效益具有重要意义。

（4）流动资产

流动资产是指可以在1年内或者超过1年的一个营业周期内变现或者耗用的资产。流动资产通常包括现金（银行存款）、存货（原材料、半成品、产成品）和应收账款等。

流动资产与流动资金之间有以下关系式：

流动资金＝流动资产－流动负债（应付账款）

流动资产和流动资金的主要区别是包括的范围不同。流动资金包括的范围广，它是流动资产的货币表现再加上金融资产，而流动资产包括物质性流动资产，不包括金融性资产（如库存现金、银行存款等）。

①在实物形态上，流动资产基本上体现为各部门以及居民的物资储备。

第一，处于生产和消费准备状态的流动资产：生产单位储备的生产资料和消费部门及居民储备的消费品。

第二，处于待售状态的流动资产：生产部门和流通部门库存、尚未出售的生产资料和消费品储备以及国家储藏的后备性物资。

第三，处于生产过程中的流动资产：生产单位的在制品、半成品储备。

②按照流动性大小可分为速动资产和非速动资产。

第一，速动资产：在很短时间内可以变现的流动资产，如货币资金、交易性金融资产和各种应收款项。

第二，非速动资产：包括存货、待摊费用、预付款、1年内到期的非流动资产以及其他流动资产。

2. 投资形成资产

总投资形成的资产分为固定资产、无形资产、流动资产和其他资产。

根据资产保全原则，当一个工程项目建成投入运营时，项目总资产中的固定资产投资、建设期利息、流动资金形成固定资产、无形资产、流动资产和其他资产四部分。为简化计算，在工程经济分析实务中可把预备费用和建设期利息全部计入固定资产原值。

（二）成本要素

1. 成本费用

（1）总成本费用

总成本费用是指在运营期（生产期）内为生产产品或提供服务所产生的全部费用。总成本费用的构成可以由生产成本期间费用法和生产要素法两种方法确定。

①生产成本期间费用法。按照生产成本期间费用法，总成本费用主要由生产成本和期间费用两大块构成。

A. 生产成本。生产成本是指为生产产品和提供服务所发生的各种耗费，亦称制造成本。它主要包括各项直接支出和制造费用。

第一，各项直接支出主要包括直接材料费、直接燃料和动力费、直接工资和其他直接支出。直接材料费是指在生产服务过程中直接消耗于产品生产的各种物资的费用，包括实际消耗的原材料、辅助材料、备品配件、外购半成品、包装物以及其他直接材料。

直接燃料和动力费是指在生产产品过程中必须使用而外购的电和燃料（包括煤、柴油或汽油等）的费用。

直接工资是指在生产服务过程中直接从事产品生产人员的工资性消耗，包括生产和服务人员的工资、奖金、津贴、各类补贴等。

其他直接支出是指按照直接工资的一定百分比计算的直接从事产品生产的职工福利费。

第二，制造费用是指发生在生产单位的间接费用，是生产单位（车间、分厂）为组织和管理经营活动而产生的各项费用。包括生产单位管理人员的工资、职工福利费、生产单位固定资产折旧费、修理维护费、维检费及其他制造费用。

B. 期间费用。期间费用是与特定的生产经营期密切相关，直接在当期得以补偿的费用。期间费用包括管理费用、财务费用和营业费用。

第一，管理费用是指企业行政管理部门为管理和组织经营活动而发生的各项费用。包括由企业统一负担的管理人员工资和福利费、折旧费、修理费、无形资产、其他资产摊销费及其他管理费用。

第二，财务费用是指为筹集资金而发生的各种费用，包括生产经营期间发生的利息净支出及其他财务费用（外币汇兑损益、外汇调剂手续费、支付给金融机构的手续费等）。

第三，营业费用是指在销售产品过程中发生的费用以及专设销售机构的各项费用，包括为销售产品和服务所发生的运输费、包装费、保险费、展览费和广告费，以及专设销售机构人员的工资及福利费、类似工资性质的费用、业务费等。

②生产要素法。按照生产要素的构成，总成本费用主要包括外购原材料费、燃料和动力费，工资及福利费，折旧费，摊销费，修理费，财务费用（利息支出）和其他费用。

第一，外购原材料、燃料和动力费。外购原材料、燃料和动力费是指在生产过程中外购的部分。

第二，工资及福利费。工资及福利费是指企业为获得职工提供的服务而给予的各种形式的报酬，通常包括职工工资、奖金、津贴和补贴以及职工福利费。

第三，折旧费、摊销费。A. 折旧费是指固定资产在使用过程中由于逐步磨损而转移到产品中的那部分价值。固定资产的折旧费从销售收入中按月提存。B. 摊销费是指无形资产和其他资产的原始价值在规定的年限内，按年或产量转移到产品成本中的部分。企业通过计提摊销费，回收无形资产和其他资产投资。

第四，修理费。修理费是指为保证固定资产的正常运转和使用，在不改变设备设施原有性能前提下进行部件更换、修复所发生的费用。按修理范围的大小和修理时间间隔的长短可以分为大修理和中小修理。

第五，财务费用（利息支出）。按照会计法规，企业为筹集所需资金而发生的费用称为借款费用，又称为财务费用，包括利息支出、汇兑亏损以及相关的手续费等。

第六，其他费用。其他费用包括其他制造费用、其他管理费用和其他营业费用。A. 其他制造费用是指从制造费用中扣除生产单位管理人员工资及福利费、折旧费、修理费后的其余部分。在项目评价中常用的估算方法是按固定资产原值（扣除建设期利息）的百分数估算或者按人员定额估算。B. 其他管理费用是指从管理费用中扣除工资及福利费、折旧费、摊销费、修理费后的其余部分。在项目评价中常用的估算方法是按照人员定额或工资及福利费总额的倍数估算。C.其他经营费用是指从营业费用中扣除工资及福利费、折旧费、修理费后的其余部分。在项目评价中常用的估算方法是按照营业收入的百分数估算。

（2）经营的成本

经营成本是建筑工程经济中分析现金流量时所使用的特定概念。作为项目运行期的主要现金流出，其构成为：

经营成本＝外购原材料、燃料和动力费＋工资及福利费＋其他费用

经营成本涉及项目生产及销售企业管理过程中的物料、人力和能源的投入费用，能够在一定程度上反映企业的生产和管理水平。同类企业的经营成本具有可比性。经营成本与总成本的关系为：

经营成本＝总成本费用－（折旧费＋摊销费＋利息支出）

（3）固定成本与可变成本

按照各种费用与产品或服务数量的关系，可以把总成本费用分为固定成本和可变成本两部分。

固定成本是指在一定生产规模限度内，不随产品或服务的数量增减而变化的费用，如折旧费、摊销费、修理费、工资及福利费（计件工资除外）和其他费用等。

可变成本指产品成本中随产品或服务数量的增减而成比例增减的费用。可变成本包括外购原材料费、燃料及动力费和计件工资。

2. 折旧

折旧是资本化成本在其有效年限内的分配。政府允许公司保留这一未来替换资金，而对其不征税。折旧普遍用于耐用设备，也用于其他资产。一般来讲，如果一项资产可以满足以下特点就可以计提折旧：必须在经营或生产过程中使用；寿命期长于1年；由于自然原因而磨损、损耗、废弃或者贬值。这些特点是设备的显著特点，也适用于建筑、专利权和著作权。

固定资产折旧费既不是现金流出，也不是现金流入，而是非现金费用，但因税法允许其冲减应税收入，在技术方案有盈利的情况下，会减少应纳税所得额，即折旧费将以减少纳税的方式间接影响技术方案的现金流量。因此，在分析和计算技术方案现金流量时，必须对折旧费进行计算。

固定资产折旧法，指将应计提折旧总额在固定资产各使用期间进行分配时所采用的具体计算方法。目前我国常用的折旧方法分为两大类：第一类是直线折旧法；第二类是加速折旧法。

(1) 直线折旧法

①平均年限法。平均年限法是把应计提折旧的固定资产价值按其使用年限平均分摊的一种方法。这种方法属于直线折旧法。

平均年限法计算简单，因此被广泛应用。但它不能准确反映固定资产实际损耗情况，不利于投资的尽快回收，在出现新设备而使原设备提前淘汰时，可能由于未提足折旧而承担经济损失。

②单位产量法。对于某些专业设备、大型设备以及运输车辆等，可按产量、工作时间或行驶里程计提折旧。这种方法也属于直线折旧法。

(2) 加速折旧法

加速折旧法是依据边际效用递减规律，即固定资产的效用随着使用寿命的缩短而逐渐降低，在折旧时初期计提折旧较多而后期计提折旧较少，从而相对加速折旧的方法。具体包括年数总和法、双倍余额递减法等。

①年数总和法。这是以固定资产剩余使用年数与使用年数总和之比计算的折旧率，再乘以应计折旧的固定资产价值来求得各年折旧额。因为折旧率逐年递减，故折旧额逐年减少。

②双倍余额递减法。是指用直线折旧率的两倍乘以固定资产期初净值来计算折旧费的方法。这里的直线折旧率不考虑残值，即双倍余额递减折旧率为 $/=2/T$。为把固定资产原值与预计净残值的差额分摊完，这种方法计算到一定年度后，要改用直线折旧法。当下式成立时，即从该年起改为直线折旧法。

3. 其他有关成本

(1) 机会成本

机会成本又称为经济成本或择一成本，它是指利用一定资源获得某种收益时放弃其他可能的最大收益。或者说，在面临多方案择一决策时，被舍弃的选项中的最高价值者是本次决策的机会成本；也指厂商把相同的生产要素投入到其他行业当中去可以获得的最高收益；还包括生产要素用于某一特定用途而放弃其他用途所付出的代价。机会成本不是实际发生的成本，而是技术方案决策时观念上的成本。

利用机会成本概念进行经济分析的前提条件，包括：①资源是稀缺的；②资源具有多种用途；③资源已经得到充分利用；④资源可以自由流动。

(2) 沉没成本

沉没成本是指由于过去的决策已经发生了的，而不能由现在或将来的任何决策改变的成本。把这些已经发生不可收回的支出，如时间、金钱、精力等称为"沉没成本"。

沉没成本是一种历史成本，对现有决策而言是不可控成本，不会影响当前行为或未来决策。从这个意义上说,在投资决策时应排除沉没成本的干扰。

对企业来说,沉没成本是企业在以前经营活动中已经支付,而经营期间摊入成本费用的支出。因此,固定资产、无形资产、递延资产等均属于企业的沉没成本。

(三)营业收入与税费要素

1. 营业收入

营业收入是指销售产品或提供服务所获得的收入,它是财务分析的重要数据,也是现金流量表中主要的现金流入量。营业收入的大小主要与产品或服务的销售量和价格有关,即:

营业收入=产品或服务的销售量×价格

2. 税费

(1)营业税金及其附加

税收是国家为实现其职能,凭借政权的力量,按照法定的标准和程序,无偿地、强制地取得财政收入而发生的一种分配关系。税收不仅是国家取得财政收入的主要渠道,也是国家对各项经济活动进行宏观调控的重要杠杆。税收对国家而言,是一种收入;对纳税人而言,则是一项支出。在建筑工程经济分析中,只有正确计量项目的各项税费,才能科学准确地进行评价。

①增值税。增值税是对在我国境内销售或提供加工、修理修配劳务,以及进口货物的单位和个人,就其取得货物的销售额、进口货物金额、应税劳务销售额计算税款,并实施税额抵扣制的一种流转税。增值税实行价外计税。

A. 增值税的计税方法。一般纳税人的应纳税额为当期销项税额抵扣当期进项税额后的余额。其计算公式为:

应纳税额=当期销项税额-当期进项税额

第一,销项税额。销项税额是指纳税人销售货物或者提供应税劳务,按照销售额和增值税率计算并向买方收取的增值税额。销项税额的计算公式为:

销项税额=销售额×税率

第二,进项税额。进项税额是指纳税人购进货物或接受应税劳务所支付或负担的增值税额。进项税额是由销售方向购买方在销售价格以外收取的税费。另外,增值税也可以按照增值额的大小进行计算,即:

增值税=增值额×税率

式中,增值额是指纳税人从事应税货物生产经营或提供劳务而新增加的价值额。

B. 增值税税率。我国现行增值税税率实行两档比例税率,为17%的标准税率和13%的低税率。另外,作为特殊情况,对出口货物实行零税率。

纳税人销售或进口货物，提供加工、修理修配劳务，大多数适用17%的标准税率；纳税人销售或进口粮食、煤气、自来水、书刊、农机、农药等，适用13%的低税率；纳税人出口货物，一般适用零税率。目前，国家正在对增值税实行改革试点，其主要税制安排为：在现行增值税17%标准税率和13%低税率基础上，新增11%和6%两档低税率。租赁有形动产等适用17%的税率，交通运输业、建筑业等适用11%的税率，其他部分现代服务业适用6%的税率。

②营业税。营业税是对在我国境内提供应税劳务、转让无形资产或销售不动产的单位和个人，就其取得的营业额为课税依据征收的一种流转税。

A. 营业税征收范围。营业税的征收范围包括：交通运输业、建筑业、金融保险业、邮电通信业、文化体育业、娱乐业、服务业七大行业的劳务提供；转让无形资产，如土地使用权、商标权、专利权等；销售不动产。

B. 营业税的计税方法。营业税应纳税额的计算公式为：

应纳税额＝营业额×适用税率

纳税人的营业额未达到财政部规定的起征点的，免缴营业税。现行规定为：按期纳税的，起征点为月销售额5000～20000元；按次纳税的，起征点为每次（日）销售额300～500元。

C. 营业税的税率。营业税的税率按不同行业分为以下方面：

第一，交通运输业（陆路运输、水路运输、航空运输、管道运输、装卸搬运）为3%。

第二，建筑业（建筑、安装、修缮、装饰及其他工程作业）为3%。

第三，金融保险业为5%。

第四，邮电通信业为3%。

第五，文化体育业为3%。

第六，娱乐业（歌厅、舞厅、卡拉OK歌舞厅、音乐茶座、台球、高尔夫球、保龄球、游艺）为5%～20%。

第七，服务业（代理业、旅店业、饮食业、旅游业、仓储业、租赁业、广告业及其他服务业）为5%。

第八，转让无形资产（如土地使用权、专利权、非专利技术、商标权、著作权、商誉）为5%。

第九，销售不动产（如建筑物及其他土地附着物）为5%。

第十，对公益性强、收入水平低而需要国家扶持的项目（如学校及其他教育机构提供的劳务），医院及其他医疗机构提供的医疗服务，纪念馆、博物馆、美术馆、图书馆、文物保护单位举办文化活动所售门票收入等，免征营业税。

③消费税。消费税以税法规定的特定产品为征税对象，即国家可以根据宏观产业政策和消费政策的要求，有目的、有重点地选择一些消费品征收消费税，以适当地限制某些特殊消费品的消费需求。在我国，消费税是价内税，是价格的组成部分。

A. 消费税的征收范围。消费税是在对货物普遍征收增值税的基础上，选择少数消费品再进行征收的一个税种，主要是为了调节产品结构，引导消费方向，保证国家财政收入。根据相关的税法，消费税的征收范围包括以下五种类型的产品：

第一，一些过度消费会对人类健康、社会秩序、生态环境等方面造成危害的特殊消费品，如烟、酒、鞭炮、焰火等。

第二，奢侈品、非生活必需品，如贵重首饰、化妆品等。

第三，高耗能及高档消费品，如小轿车、摩托车等。

第四，不可再生和替代的石油类消费品，如汽油、柴油等。

第五，具有一定财政意义的产品，如汽车轮胎等。

最新的税收改革中还调整新增了高尔夫球及球具、高档手表、游艇、木制一次性筷子、实木地板等税目，取消了护肤护发品税目，并对部分税目的税率进行了调整。

B. 消费税的计税方法。消费税实行从价定率和从量定额两种计税方法。

从价定率计税是以应税消费品的销售额为计税依据，计算公式为：

应纳税额＝应税消费品的销售额×税率

从量定额计税是以应税消费品的销售量为计税依据，计算公式为：

应纳税额＝应税消费品的销售量×单位税额

C. 消费税的税率。消费税的税率共设14大类，有三种形式：a. 比率税率：10档，1%～56%；b. 定额税率：只适用于啤酒、黄酒、成品油；c. 定额税率和比率税率相结合：只适用于卷烟、白酒。

④营业税金附加。营业税金附加主要包括教育费附加和城市维护建设税。

A. 教育费附加。教育费附加是指为了加快地方教育事业的发展，扩大地方教育经费来源，而向缴纳增值税、营业税、消费税的单位及个人征收的教育经费。教育费附加按应缴纳的增值税、营业税、消费税税款的3%征收。教育费附加的计算公式为：

教育费附加＝（增值税＋营业税＋消费税）×税率

B. 城市维护建设税。城市维护建设税是一种地方附加税，是以增值税、营业税、消费税为计税依据征收的一种税。所有缴纳增值税、营业税、消费税的单位和个人均应缴纳城市维护建设税。城市维护建设税的计算公式为：

城市维护建设税＝（增值税＋营业税＋消费税）×税率

城市维护建设税按纳税人所在地区实行差别税率。

项目所在地为市区的，税率为7%；项目所在地为县城、镇的，税率为5%；项目所在地为乡的税率为1%。

（2）资源税

资源税是对在我国境内开采原油、天然气、煤炭、黑色金属矿原矿、有色金属矿原矿及生产盐的单位和个人征收的一种税。征收资源税的目的在于调节因资源条件差异而形成的资源级差收入，促进国有资源的合理开采与利用，同时为国家创造一定的财政收入。资源税按照矿产的产量计征，即：

应纳税额＝课税数量×单位税额

资源税实行差别税率。对资源条件和开采条件好、收入多的，多征税；对资源条件和开采条件差、收入少的，则少征税。

（3）所得税

所得税是以单位（法人）或个人（自然人）在一定时期内的纯所得（净收入）额为征税对象的一个税种。根据征收对象的不同，所得税分为企业所得税和个人所得税两种。

①企业所得税。企业所得税是对我国境内企业和其他取得收入的组织（以下统称企业），就其生产、经营所得和其他所得征收的一种税。

根据企业所得税法的规定，企业的应纳税所得额乘以适用税率，减除依照所得税法关于税收优惠规定的减免和抵免的税额后的余额，为应纳税额。由此可以得出企业应纳税额的计算公式为：

应纳税额＝应纳税所得额×税率－减免或抵免税额＝（收入总额－准予扣除的项目金额）×税率－减免或抵免税额

应纳税所得额为企业每一纳税年度的收入总额，减除不征税收入、免税收入、各项扣除以及允许弥补的以前年度亏损后的余额。

收入总额是指企业以货币形式和非货币形式从各种来源取得的收入，主要包括：A. 销售货物收入；B. 提供劳务收入；C. 转让财产收入；D. 股息、红利等权益性投资收益；E. 利息收入；F. 租金收入；G. 特许权使用费收入；H. 接受捐赠收入；I. 其他收入。

收入总额中不征税的收入有：A. 财政拨款；B. 依法收取并纳入财政管理的行政事业性收费、政府性基金；C. 中华人民共和国国务院规定的其他不征税收入。

各项扣除是指企业实际发生的与取得的收入有关的、合理的支出，主要包括成本、费用、税金、损失和其他支出。另外，企业发生的公益性捐赠支出，在年度利润总额12%以内的部分，准予在计算应纳税所得额时扣除。企业按照规定计算的固定资产折旧、无形资产和其他资产的摊销费用，在计算应纳税所得额时准予扣除。

根据所得税法的有关规定，企业的下列所得，可以免征、减征企业所得税：A. 从事农、林、牧、渔业项目的所得；B. 从事国家重点扶持的公共基础设施项目投资经营的所得；C. 从事符合条件的环境保护、节能节水项目的所得；D. 符合条件的技术转让所得。

此外，符合条件的小型微利企业，按20%的税率征收企业所得税；国家需要重点扶持的高新技术企业，按15%的税率征收企业所得税。

②个人所得税。

第一，个人所得税的征收范围。凡在中国境内有住所，或者无住所而在境内居住满一年的个人，从中国境内和境外取得的所得，均应缴纳个人所得税。

个人所得主要包括工资、薪金所得；个体工商户的生产、经营所得；对企事业单位的承包经营、承租经营所得；劳务报酬所得；稿酬所得；特许权使用费所得；利息、股息、红利所得；财产租赁所得；财产转让所得，偶然所得；经国务院财政部门确定征税的其他所得。

第二，个人所得税的税率。工资、薪金所得，适用超额累进税率，税率为3%～45%，2018年8月31日，修改个人所得税法的决定通过，起征点为每月5000元，2018年10月1日起实施最新起征点和税率。

(四) 利润要素

1. 利润分配原则

(1) 依法分配原则。企业的收益分配必须依法进行。为了规范企业的收益分配行为，维护各利益相关者的合法权益，国家颁布了相关法规。

(2) 分配与积累并重原则。企业通过经营活动赚取收益，既要保证企业简单再生产的持续进行，又要不断积累企业扩大再生产的财力基础。恰当处理分配与积累之间的关系，留存一部分净收益以供未来分配之需，能够增强企业抵抗风险的能力，同时，也可以提高企业经营的稳定性与安全性。

(3) 兼顾各方利益原则。企业的收益分配必须兼顾各方面的利益。企业是经济社会的基本单元，企业的收益分配涉及国家、企业股东、债权人、职工等多方面的利益。

(4) 投资与收益对等原则。企业进行收益分配应当体现"谁投资谁受益"、收益大小与投资比例相对等的原则。

2. 税后利润分配顺序

①弥补被没收财务损失，以及违反税法规定支付的滞纳金和罚款。

②弥补企业以前年度亏损。

③提取法定公积金,用于弥补亏损,按照国家规定转增资本金,等等。

④提取公益金,主要用于企业职工福利设施支出。

⑤向投资者分配利润,企业以前年度未分配的利润,可以并入本年度向投资者分配。法定盈余公积金的提取比例一般是当年净利润的10%。

第三节　建筑工程经济评价理论与方法

一、资金的时间价值与等值计算

(一) 资金的时间价值

资金的时间价值就是指资金在运动过程中的增值或不同时间点上发生的等额资金在价值上的差别。

1. 时间价值中的现金流量

任何一项投资活动都离不开资金活动,而在资金活动中必然要涉及现金流量的问题。明确现金流量的概念、弄清现金流量的内容、正确估算现金流量是进行投资方案效益分析的前提,也是进行科学的投资决策的基础。

现金流量是一个综合概念,从内容上看它包括现金流入、现金流出和净现金流量三个部分,从形式上看它包括各种形式的现金交易,如货币资金的交易和非货币资金(货物、有价证券等)的交易。

为了便于说明现金流量的概念,可以把投资项目看作是一个系统,这个系统有一个寿命周期,即从项目发生第一笔资金开始一直到项目终结报废为止的整个时间称为项目的寿命期。但在不同的项目之间进行比较时,不一定都用项目的寿命周期进行比较,而是选用一个计算期来比较,因此,在考察投资项目系统的经济效益时,常常用到计算期。每个项目在其计算期内的各个时刻点都会有现金交易活动,或者是流进,或者是流出,这个现金流进、流出就称为现金流量。

具体地讲,现金流入是指在项目的整个计算期内流入项目系统的资金,如销售收入、捐赠收入、补贴收入、期末固定资产回收收入和回收的流动资金等。现金流出是指在项目的整个计算期内流出项目系统的资金,如企业投入的自有资金、上缴的销售税金及附加、借款本金和利息的偿还、上缴的罚款、购买原材料设备等的支出、支付工人的工资等都属于现金流出。净现金流量是指在项目的整个计算期内每个时刻的现金流入与现金流出之差。当现金流入大于现金流出时，净现金流量为正，反之为负。

从以上关于现金流量概念的分析中，不难看出，现金流量的计算不仅有本身的计量单位，还有一个时间单位。一般情况下，现金流量本身的计量单位为"元""万元""美元"等。但时间单位就需要根据利息的计算时间单位来确定了。如果利息的计算时间单位为一年，那么现金流量计算的时间单位也为一年；如果利息的计算时间单位为一个月，那么现金流量计算的时间单位也为一个月，即以现金流量计算的时间单位为计息期。

2. 资金时间价值的影响因素

从投资者的角度来看，资金的时间价值受以下因素的影响：

①投资额。投入的资金越大，资金的时间价值就越大。例如，如果银行的存款年利率为2.2%，那么200元存入银行，一年后的收益为204.4元。显然200元的时间价值比100元的时间价值大。

②利率。一般来说，在其他条件不变的情况下，利率越大，资金的时间价值越大；利率越小，资金的时间价值越小。例如，银行存款年利率为2.2%时，100元一年的时间价值是2.2元；银行存款年利率为5%时，100元一年的时间价值是5元。

③时间。在其他条件不变的情况下，时间越长，资金的时间价值越大；反之，其价值越小。例如，银行存款年利率为2.2%时，100元两年的时间价值是4.4元，比一年的时间价值大。

④通货膨胀因素。如果出现通货膨胀，会使资金贬值，贬值会减少资金的时间价值。

⑤风险因素。投资是一项充满风险的活动。项目投资以后，其寿命期、每年的收益、利率等都有可能发生变化，既可能使项目遭受损失，也可能使项目获得意外的收益。这就是风险的影响。不过，风险往往同收益成比例，风险越大的项目，一旦经营成功，其收益也大。这就需要对风险进行认真预测与把握。

由于资金的时间价值受到上述多种因素的影响，因此，在对项目进行投资分析时一定要从以上方面认真考虑，谨慎选择。

（二）资金的等值计算

"等值"是指在时间因素的作用下，在不同的时间点绝对值不等的资金具有相同的价值。例如现在的100元，与一年后的106元，虽然绝对数量不等，但如果在年利率为6%的情况下，则这两个时间点上的绝对值不等的资金是"等值"的。

在工程经济分析中，为了正确地计算和评价投资项目的经济效益，必须计算项目的整个寿命期内各个时期发生的现金流量的真实价值。但由于资金存在时间价值，在项目的整个寿命期内，各个时期发生的现金流量是不能直接相加的。为了计算项目各个时期的真实价值，必须要将各个时间点上发生的不同的现金流量转换成某个时间点的等值资金，然后再进行计算和分析，这样一个资金转换的过程就是资金的等值计算。

1. 现值

现值（Present Value）用 P 表示，它表示发生在（或折算为）某一现金流量序列起点的现金流量价值。在工程经济分析计算中，一般都约定 P 发生在起始时刻点的初期，如投资发生在第 0 年（亦第 1 年年初）。在资金的等值计算中，求现值的情况是最常见的。将一个时点上的资金"从后往前"折算到某个时刻点上就是求现值。求现值的过程也称为折现（或贴现）。在工程经济的分析计算中，折现计算是基础，许多计算都是在折现计算的基础上衍生的。

2. 终值

终值（Future Value）用 F 表示，它表示发生在（或折算为）某一现金流量序列终点的现金流量价值。在资金的等值计算中，将一个序列时间点上的资金"从前往后"折算到某个时刻点上的过程就叫求终值。求资金的终值也就是求资金的本利和。在工程经济分析计算中，一般约定 F 发生在期末，如第 1 年年末、第 2 年年末等。

3. 年值

年值（Annuity）用 A 表示，它表示发生在每年的等额现金流量，即在某个特定时间序列内，每隔相同时间收入或支出的等额资金。在工程经济分析计算中，如无特别说明，一般约定 A 发生在期末，如第 1 年年末、第 2 年年末等。

4. 等值

等值（Equivalence）没有特定的符号表示，因为等值相对于现值、终值和年值来说是一个抽象的概念，它只是资金的一种转换计算过程。等值既可以是现值、终值，也可以是年值。因为实际上，现值和终值也是一个相对概念。如某项目第 5 年的值相对于前面 1~4 年的值来说，它是终值，而相对于 5 年以后的值来说，它又是现值。等值是指在考虑资金的时间价值的情况下，不同时刻点上发生的绝对值不等的资金具有相同的价值。资金的等值计算非常重要，资金的时间价值计算核心就是进行资金的等值计算。

二、建筑工程项目经济评价及其方法

（一）建筑工程项目经济评价

建设工程项目的经济评价是采用一定的方法和经济参数，对建设项目的投入产出进行研究、分析计算和对比论证的过程。经济评价的内容、深度和侧重点，是由项目决策工作不同阶段的要求所决定的。它在项目建设程序中主要有三个阶段：项目建议书阶段，可行性研究报告阶段，建设项目后评价阶段。

经济评价的目的是根据国民经济和社会发展战略及各行业、各地区发展规划的要求，在做好产品（服务）市场需求预测及厂址选择、工艺技术选择等工程技术研究的基础上，计算项目的效益和费用，通过多方案比较，对拟建项目的财务可行性和经济合理性进行分析论证，做出全面的经济评价，为项目的投资决策提供科学的依据。

1. 建设工程项目经济评价的特点

项目的经济评价为项目或方案的取舍提供重要依据，是项目决策科学化的重要手段。它一般具有以下特点：

①动态分析与静态分析相结合，一般以动态分析为主。

②定性分析与定量分析相结合，一般以定量分析为主。

③宏观效益分析与微观效益分析相结合，以宏观效益分析为主。

④预测分析与统计分析相结合，以预测分析为主。

⑤全过程效益分析与阶段性效益分析相结合，以全过程效益分析为主。

2. 建筑工程项目经济评价的要求

经济评价的目的主要是为项目决策提供科学、可靠的依据。因此，项目经济评价的结果与结论显得尤为重要，所以对项目经济评价的要求非常严格。

①项目经济评价基础数据要准确可靠，效益与费用计算口径要对应一致。

②项目经济评价工作应遵循国家统一发布的评价方法和统一的评价参数。

③经济评价应与现行的财税制度保持一致。

④经济评价要与项目的具体特点相吻合。

3. 建设工程项目的财务评价与国民经济评价

财务评价和国民经济评价作为建设项目评价的两个层次，因其作用与任务的不同，二者之间存在很大差别。

（1）评价角度不同

财务评价是根据现行国家财税制度和价格体系，从项目财务角度考察项目的盈利状况、偿还能力和外汇平衡能力，以确定项目投资行为的财务可行性。国民经济评价是按照资源合理配置的原则，从国家整体角度考察项目效益和费用,以确定项目投资行为的经济合理性。

(2) 效益、费用的含义和划分范围不同

财务评价是从企业的角度出发,根据项目自身的收支情况来确定项目的效益和费用,利息、税金等各项支出都视为费用,政府补贴等视为收益。国民经济评价从全社会的角度来考察项目的效益与费用,其着眼于项目对社会提供的有用产品、服务及项目所耗费的社会资源,不计国内转移支付部分,即政府补贴不能计为项目的收益。税金和国内借款利息也不作为项目的费用。财务评价只计算项目直接发生的效益和费用,而国民经济评价对项目引起的间接效益和费用即外部效果也要进行计算和分析。

(3) 评价采用的价格不同

财务评价对投入物和产出物均采用市场价格,财务价格是以现行价格为基础的预测价格,考虑价格的变动因素。而国民经济评价则采用影子价格,在计算期内各年均不考虑物价水平上涨因素。

(4) 评价所采用的参数不同

财务评价所采用的是行业基准收益率、基准投资回收期等财务评价参数;而国民经济评价则采用影子汇率、影子工资、社会折现率等经济评价参数。

4. 建设工程项目经济评价指标分类

评价建设项目经济效果的好坏,取决于两个方面:一是基础数据的完整可靠;二是选取评价指标的合理性及计算方法的正确性。因此,选择正确的经济评价方法非常重要。

建设项目经济评价的核心内容就是对经济效果的评价。经济效果评价指标多种多样,任一具体指标,都只能从某个方面或某些方面反映项目的经济性。为了使评价工作系统而全面,就需要采用一系列指标,从多方面进行分析和考察。这些既相互联系又有其相对独立性的评价指标,就构成工程项目评价的指标体系。工程项目的评价指标可以从不同的角度进行分类。

(1) 时间性、价值性与比率性评价指标

按评价指标的量纲或其所反映的经济性质,可将其分为时间性指标、价值性指标和比率性指标。时间性指标是以时间为量纲的指标;价值性指标是以货币为量纲的指标;比率性指标是无量纲的指标。

(2) 盈利、清偿与财务生存能力指标

按评价指标的性质,可将其分为盈利能力指标、清偿能力指标和财务生存能力指标。盈利能力就是项目赚取利润的能力。清偿能力分析是项目融资后分析的主要内容,清偿能力指标是项目融资主体和债权人共同关心的指标。财务生存能力指标是指通过考察项目计算期内的投资、融资和经营活动所产生的各项现金流入和流出，计算净现金流量和累计盈余资金，分析项目是否有足够的净现金流量维持正常运营，以实现财务可持续性。

（3）静态评价指标与动态评价指标

按建设项目评价时是否考虑资金的时间价值，评价指标可分为静态评价指标和动态评价指标两大类。

静态评价指标是指在不考虑资金时间价值的情况下，进行效益和费用计算，即评价指标不进行复利计算，计算简便、直观，适用于评价短期建设项目和逐年收益大致相等的项目，在对建设项目方案进行概略评价时或对时间较短、投资规模与收益规模均比较小的投资项目进行评价时都经常采用。它的主要缺点是没有考虑资金时间价值，并且不能反映项目整个寿命周期的全面情况。

动态评价指标是指在考虑资金时间价值的情况下，进行效益和费用计算，即将发生在不同时点的效益、费用采用一定的折现率进行等值化处理后计算出的评价指标。动态评价指标更加注重考察项目在计算期内各年现金流量的具体情况。因而也能更直观地反映项目的盈利能力，所以动态评价指标比静态评价指标的应用更加广泛，能够较全面反映投资方案整个计算期的经济性，在项目详细可行性研究阶段经常采用，适用于融资前项目整体效益评价及较长期的项目经济评价。

（二）建设工程项目评价方法

1. 建设工程项目静态评价方法

静态评价方法从建设项目盈利能力经济评价指标和建设项目偿债能力评价指标两方面进行分析。

（1）建设工程项目盈利能力经济评价指标

①静态投资回收期。项目的静态投资回收期，简称回收期，是指在不考虑资金的时间价值的情况下，以项目的净收益回收项目的全部投资所需要的时间。其单位通常用"年"表示。投资回收期一般从建设开始年算起，也可以从项目建成投产年开始算起，计算时应具体注明。对投资者来说，投资回收期越短越好。

第一，静态投资回收期的计算。静态投资回收期的计算公式为：

$$\sum_{t=0}^{P_t}(CI-CO)_t=0$$

式中：P_t——静态投资回收期；

CI——第 t 年的现金流入量；

CO——第 t 年的现金流出量；

$(CI-CO)_t$——第 t 年的净现金流量。

第二，静态投资回收期的评价。投资回收期是建设工程项目的一个评价指标，在进行方案评价时，一般将计算出的投资回收期与基准投资回收期相比较进行判断。设 P_c 为基准投资回收期：

进行单方案评价时，若 $P_t \leqslant P_c$ 说明项目投入的总资金在规定的时间内可收回，方案的经济效益好，方案可行。

若 $P_t > P_c$ 说明项目投入的总资金在规定的时间内不能收回，方案的经济效益不好，方案不可行。

当多个方案进行比较，在每个方案自身满足 $P_t \leqslant P_c$ 时，投资回收期越短的方案越好。标准投资回收期 P_c 通常是国家或部门制定的标准（依据全社会或全行业投资回收期的平均水平），但也可以是企业根据自身的目标所期望的投资回收期水平。

第三，静态投资回收评价法的优缺点。静态投资回收期可以在一定程度上反映出项目方案的资金回收能力，其计算简便，有助于对技术上更新较快的项目进行评价。但该指标没有考虑资金的时间价值，也没有对投资回收期以后的收益进行分析，无法确定项目在整个寿命期的总收益和获利能力。容易使人接受短期效益好的方案，忽视短期效益差、但长期效益好的方案。

②总投资收益率。总投资收益率又称为投资效果系数、投资利润率，是指在建设项目达到设计生产能力后的正常生产年份的年息税前利润总额或营运期内年平均息税前利润总额与项目投资总额的比率。

$$ROI = \frac{EBIT}{TI} \times 100\%$$

式中：ROI——总投资收益率；

$EBIT$——项目正常年份的年息税前利润总额或营运期内年平均息税前利润总额；

TI——项目投资总额。

其中：年息税前利润＝年营业（销售）收入－年总成本费用－年营业税金及附加＋补贴收入＋利息支出；

年总成本费用＝外购原材料、燃料及动力费＋工资及福利费＋修理费＋折旧费＋摊销费＋利息支出＋其他费用；

年营业税金及附加＝年消费税＋年增值税＋年营业税＋年资源税＋年城市维护建设税＋教育费附加；

项目总投资＝建设投资（固定资产投资）＋建设期利息＋流动资金。

总投资收益率表明项目在正常生产年份中，单位投资每年所创造的年净收益额。投资收益率越大，说明项目的投资效益越好。

如果项目在正常生产年份内各年收益情况变化幅度较大，也可采用下列公式进行计算：

$$总投资收益率(ROI) = \frac{年平均税前利润总额}{项目总投资} \times 100\%$$

（2）建设工程项目偿债能力经济评价指标

①借款偿还期。借款偿还期又称贷款偿还期，是指在国家财政规定的及具体的财务条件下，用项目投产后可以用作还款的项目收益（税后利润、折旧、摊销及其他收益等）来偿还项目投资借款本金和利息所需要的时间。它是反映项目借款偿债能力的重要指标。借款偿还期的计算公式为：

$$I_d = \sum_{t=1}^{P_d} R_p + D' + R_o - R_r$$

式中：P_d——借款偿还期（从借款开始年算起，当从投产年算起时，应予以注明）；

I_d——建设投资借款本金和利息（不包括已用自有资金支付的部分）之和；

R_p——第 t 年可用于还款的利润；

D'——第 t 年可用于还款的折旧；

R_o——第 t 年可用于还款的其他收益；

R_r——第 t 年企业留利。

实际计算时，计算数据可通过项目的财务平衡表或借款偿还计划表得出，其单位通常用"年"表示，计算公式为：

$P_d = $（借款偿还后出现盈余的年份数$-1$）$+ P_d$

$\quad = $ 借款偿还后出现盈余的年份数 $- 1 + \dfrac{当年应偿还借款额}{当年可用于还款的收益额}$

②利息备付率。利息备付率也称已获利息倍数，是指建设项目在借款偿还期内各年可用于支付利息的息税前利润与当期应付利息费用的比值，它从付息资金来源的充裕性角度反映支付债务利息的能力。其计算公式为：

$$利息备付率 = \frac{息税前利润}{当期应付利息费用}$$

式中，息税前利润＝利润总额＋当年计入总成本费用的应付利息。

当期应付利息是指计入总成本费用的全部利息。利息备付率应分年计算，分别计算出在债务偿还期内各年的利息备付率。利息备付率表示用项目利润偿付利息的保证倍率，利息备付率越高，说明利息支付的保证度越大，利息偿付的保障程度越高，偿债风险越小。对于正常经营的企业，一般情况下，利息备付率不宜低于 2。利息备付率低于 1，表示没有足够资金支付利息，偿债风险很大。

若偿还前期的利息备付率数值偏低，为了分析所用，也可以补充计算债务偿还期内的年平均利息备付率。

③偿债备付率。偿债备付率是从偿债资金来源的充裕性角度反映偿付债务本息的能力，是指在借款偿还期内，各年可用于还本付息的资金与当期应还本付息金额的比值。其计算公式为：

$$偿债备付率 = \frac{可用于还本付息资金}{当期应还本付息金额}$$

式中：可用于还本付息资金＝息税前利润＋折旧＋摊销－所得税；

当期应还本付息金额＝当期应还贷款本金额＋计入总成本费用的全部利息。

融资租赁的本息和营运期内的短期借款本息也纳入还本付息金额。如果营运期间支出了维护营运的投资费用，应从分子中扣减。

偿债备付率应分年计算，分别计算出在债务偿还期内各年的偿债备付率。若偿还前期的偿债备付率数值偏低，为分析所用，也可以补充计算债务偿还期内的年平均偿债备付率。

偿债备付率表示可用于还本付息的资金偿还借款本息的保证倍率，偿债备付率低，说明偿付债务本息的资金不充足，偿债风险大。当这一指标小于 1 时，表示可用于还本付息的资金不足以偿付当年债务。故偿债备付率至少应大于 1，正常情况下不宜低于 1.3，并满足债权人的要求。

2. 建设工程项目动态评价方法

（1）动态投资回收期

动态投资回收期是指把投资项目各年的净现金流量按基准收益率折成现值之后，再来推算的投资回收期。它与静态投资回收期的根本区别是考虑了资金的时间价值。动态投资回收期就是净现金流量累计现值等于零时的年份。

①动态投资回收期的计算。动态投资回收期的计算公式为：

$$\sum_{t=0}^{p'_t}(CI-CO)_t(1+i_c)=0$$

式中：p'_t——动态投资回收期；

CI——现金流入量；

CO——现金流出量；

$(CI-CO)_t$——第 t 年的净现金流量；

i_c——基准折现率。

在实际计算中，常用与求静态投资回收期相似的"累计计算法"求解动态投资回收期 p'_t，公式为：

$p'_t = ($累计净现金流量折现值开始出现正值的年份 $- 1)$

$+ \dfrac{|\text{上一年累计净现金流量的折现值}|}{\text{出现正值年份的净现金流量折现值}}$

计算出的动态投资回收期应与行业或部门的基准投资回收期 P_c 进行比较。

若 $p'_t \leqslant P_c$ 表明项目投入的总资金在规定的时间内可收回，则认为项目是可以考虑接受的。若 $p'_t > P_c$ 表明项目投入的总资金在规定的时间内不能收回，则认为项目是不可行的。

②动态投资回收期评价法的优缺点。动态投资回收期是一个常用的经济评价指标，它考虑了资金的时间价值，该指标容易理解，计算也比较简便，在一定程度上显示了资本的周转速度。显然，资本周转速度越快，回收期越短，风险越小，盈利越多。动态投资回收期适用于三类项目：一是技术上更新迅速的项目；二是资金相当短缺的项目；三是未来的情况很难预测而投资者又特别关心资金补偿的项目。

动态投资回收期的不足之处是，没有全面地考虑投资方案整个计算期内的现金流量，即忽略了发生在投资回收期以后的所有情况，只考虑回收之前的效果，无法准确衡量方案在整个计算期内的经济效果。所以它同静态投资回收期一样，通常只适用于辅助性评价。只有在静态投资回收期较长和基准收益率较大的情况下，才需计算动态投资回收期。同时，由于投资回收期只能反映被评价方案的投资回收速度，不能反映方案之间的比较结果，故不能单独用于两个或两个以上方案的比较评价。

（2）净现值

净现值是指将项目整个计算期内各年的净现金流量（或净效益费用流量），按一定的折现率（基准收益率），折现到计算基准年（通常是期初，即第 0 年）的现值的代数和。在建设项目评价中，净现值分为财务评价的财务净现值（用 $ENPV$ 表示）和国民经济（费用效益）评价的经济净现值（用 $ENPV$ 表示）。这里由于是对建设项目的现金流量进行分析评价，所以计算的是财务评价指标。为不失一般性，采用 NPV 表示。

①净现值计算。净现值是考察项目在计算期内盈利能力的主要动态评价指标，公式为：

$$NPV = \sum_{t=0}^{n} (CI - CO)_t (1+i_c)^{-t} = \sum_{t=0}^{n} NCF_t (P/F, i_c, t)$$

式中：NPV——净现值；

n——项目的计算期，包括项目的建设期、投产期和达产期；

i_c——基准折现率。

净现值的计算方法有以下两种：

A. 列表法。在项目的现金流量表上按基准折现率计算寿命期内累计折现值。

B. 公式法。利用一次支付现值公式或等额支付现值公式将寿命期内每年发生的现金流量，按基准折现率折现到期初，然后累加起来。

②净现值判别准则。净现值大于零则方案可行，且净现值越大，方案越优，投资效益越好。

A. 单一方案。根据式 $NPV = \sum_{t=0}^{n}(CI-CO)_t (1+i_c)^{-t} = \sum_{t=0}^{n} NCF_t (P/F, i_c, t)$ 计算出 NPV 后，在用于投资方案的经济评价时其判别准则如下：

若 $NPV>0$，说明方案可行。因为这种情况说明投资方案实施后的投资收益水平不仅能够达到基准折现率的水平，而且还会有盈余，即项目的盈利能力超过其投资收益期望水平，同时表明方案的动态投资回收期小于该方案的计算期。

若 $NPV=0$ 说明方案可考虑接受。因为这种情况说明投资方案实施后的收益水平恰好等于基准折现率，即盈利能力能达到所期望的最低财务盈利水平，同时表明方案的动态投资回收期等于该方案的计算期。

若 $NPV<0$，说明方案不可行。因为这种情况说明投资方案实施后的投资收益水平达不到基准折现率，即其盈利能力水平比较低，甚至有可能出现亏损，同时表明方案的动态投资回收期大于该方案的计算期。

B. 多方案。多方案进行比选时，选择 NPV 值大于 0 且最大的方案。

第二章　建筑工程项目经济分析与评价

第一节　建筑工程项目可行性

一、工程项目可行性研究的概念与作用

项目可行性研究是指对工程项目建设投资决策前进行技术经济分析、论证的科学方法和合理的手段。它保证项目建设以最小的投资耗费取得最佳的经济效果，是实现项目技术在技术上先进、经济上合理和建设上可行的科学方法。

可行性研究的主要作用有以下几点。

①可行性研究是建设项目投资决策和编制设计任务书的依据，决定一个项目是否应该投资，主要依据项目可行性研究所用的定性和定量的技术经济分析。因此，可行性研究是投资决策的主要依据，只有在决策后，才能编制设计任务书，才能产生项目决策性的法人文件。

②可行性研究是筹集资金的依据。特别是须要申请银行贷款的项目，可行性研究报告是银行在接受贷款项目前进行全面分析、评估、确认能否贷款的依据。

③可行性研究报告是工程项目建设前期准备的依据。包括进行设计，设备订货及合同的洽谈，环保及规划部门的确认等，都依据可行性研究的结果。

二、可行性研究的方法

(一) 选定项目研究委托单位

1. 委托专业设计单位承担

专业技术性较强的建设项目，一般可委托国家批准的具有相应研究资格的大、中型设计单位来承担。

2. 委托工程咨询公司承担

工程咨询公司是近年来随着我国经济技术改革的不断深化，为适应基本建设形势和投资环境要求而建立起来的专门从事工程项目建设过程中专业技术咨询、管理和服务的机构，以承担民用建筑和一般性工业建设项目的技术咨询为主。在委托工程咨询公司承担可行性研究时，建设单位必须对其能力、包括专业技术人员的构成、承担研究项目的能力、主要承担完成的研究项目及准确性等进行充分的调查。

3. 委托专业银行承担

各种专业银行在基本建设和技术改造贷款项目的管理中，积累了一定的项目可行性研究经验，也是承担项目可行性研究可供选择的单位。

（二）确定研究内容

在选定了承担项目研究单位之后，要将项目可行性研究的内容按有关要求确定下来，作为项目研究委托协议的主要内容。可行性研究的基本内容一般包括如下方面。

①根据经济预测，以及市场预测确定的建设规模和生产方案。
②资源、原材料、燃料、动力、供水、运输条件。
③建厂条件和厂址方案。
④技术工艺主要设备选型和相应的技术经济指标。
⑤主要单项工程、公用辅助设施、配套工程。
⑥环境保护、城市规划、防震、防洪等要求和相应的措施方案。
⑦企业组织、劳动定员和管理制度。
⑧建设进度和工期。
⑨投资估算和资金筹措。
⑩经济效益和社会效益。

（三）签订委托可行性研究协议

建设单位在选择委托研究单位并确定委托研究的内容以后，应当与承担可行性研究的单位签订委托协议。

三、市场分析与市场调查

（一）市场分析的概念与作用

市场分析是指通过必要的市场调查和市场预测，对项目产品（或服务）的市场环境、竞争能力和对手进行分析和判断，进而分析和判断项目（或服务）在可预见时间内是否有市场，以及采取怎样的策略实现项目目标。

由于在不同的可行性研究阶段的研究深度不同，同时不同性质的项目有不同的市场，所以不同条件下的市场分析的程度或深度也是不一样的。

市场调查之所以重要，是因为它具有以下几个方面的作用（或功能）。

①有助于寻求和发现市场需要的新产品。
②可以发掘新产品和现有产品的新用途。
③可以发现新的需求市场和需求量。
④可以发现用户和竞争者的新动向。
⑤可以预测市场的增减量。
⑥是确定销售策略的依据。

(二) 市场调查的基本内容

由于出发点和目的不同，市场调查的内容、范围也有所差别。从市场需求预测的要求来看，主要有产品需求调查、销售调查和竞争调查3大方面。

产品需求调查，主要是了解市场上需要什么产品，需求量有多大，对产品有什么新的要求或需求。销售调查就是通过对销路、购买行为和购买力的了解，达到了解谁需要，以及为什么需要的目的。销售调查主要包括产品销路调查、购买行为调查和购买力调查等。竞争调查是指对企业产品综合竞争能力的调查，其内容涉及生产、质量、价格、功能、经营、销售、服务等多方面。

以上所给出的三大方面的调查，其内容是相互联系和相互交叉的。事实上，生产资料市场和消费资料市场是很难完全分开的，因此，往往需要同时进行，并加以对比分析和研究。

(三) 市场调查的程序

1. 制订调查计划

市场调查是一项费时费力的工作。因此，必须有针对性地进行特定问题的调查，并根据所要调查的问题，明确调查目的、对象、范围、方法、进度和分工等，这是市场调查的第一步。其基本要点包括以下几点。

(1) 明确调查目的和目标

一般来讲，市场调查的起因都源于一些不明确或把握不准的问题。当已经掌握了一些基本情况，但这些情况只能提供方向性的启示，还不足以说明问题时，就须进行市场调查。例如，某产品的销售额或销售量下降，但尚难明确是产品质量的原因，还是产品价格的原因，或者是出了新的替代品等原因造成的。这时，就应该通过初步的调查分析，明确产品销售量下降的具体原因。然后据以制订调查的详细计划，明确调查的目的、主题和目标。一般情况下，调查的问题不能过多，最好确定一两个主要问题进行重点调查，否则，调查的效果就会受到影响。

(2) 确定调查的对象和范围

在明确了调查的方向、目的和目标后，就要根据所需调查的主要问题，确定和选择具体的范围和对象。所谓明确调查范围，就是根据调查对象的分布特点，确定是全面调查还是抽样调查，如果采用抽样调查，应如何抽样等。

(3) 选择调查方法

市场调查的方法很多，每种方法都有其各自的优缺点。因此，必须根据调查的内容和要求来选择合适的调查方法。

(4) 设计调查数据表

市场调查的内容和要求决定了市场调查的各类问题。对各类问题的调查结果，都要设计出数据表格，需要进行汇总的，还要设计出汇总表格。对于一些原始答案或数据，不应在加以分类和统计后就弃之不用。这些第一手资料数据往往是十分重要的，从不同的角度去观察它，可能会得出不同的结论。因此，这些资料数据应出现在分类统计表中。同样，分类统计表中的资料数据也应出现在汇总表中。

(5) 明确调查进度和分工

一般的市场调查，都应在允许的时间范围内完成。因此，根据调查目的、对象、范围和要求，确定调查的时间安排和人员分工，是一项十分重要的工作。市场调查不可能由一个人全部承担，一般是由多人分工协作进行。这样有利于节约时间，或者说，有利于缩短市场调查的总体时间。

2. 收集情报资料

一般而言，情报的来源有两种，一种是已有的各种统计资料出版物，另一种是现时发生的情况。

(1) 已有情报资料的收集

利用已有的各种情报资料，是市场调查工作中节约时间和费用的一步，也是极为重要的一步。一般有以下几种可以利用的情报源：一是政府统计部门公布的各种统计资料，包括宏观的、中观的和微观的 3 种；二是行业和行业学会出版的资料汇编和调研报告等；三是一些大型的工具类图书，如年鉴、手册、百科全书等；四是杂志、报纸、广告和产品目录等出版物。

(2) 实际情况的收集

对于一些市场变化迅速的行业和企业，将历史统计资料作为市场调查的依据往往是不准确的。有些历史资料是不充分的，有的甚至是残缺不全的，而实际发生的情况通常正是我们需要的更现实、更可取和更有说服力的依据。此外，一些保密性极强的资料和数据是不可能在出版物中找到的，所以对实际情况的搜集必不可少。

(3) 分析处理情报资料

由于统计口径、目的和方法的不同，收集到的情报资料有时可能出现较大误差，甚至互相矛盾的现象。造成这一现象的原因是多方面的，一种情况是调查问题含糊不清造成回答者的理解错误,从而出现答案的错误;另一种情况是问题比较清楚而回答者理解有误,从而出现错误的答案。还有可能是回答者有意作出的歪曲回答,或是不正确和不确切的解释和联想,造成了答案的偏差。因此,市场调查所得的资料数据必须经过分析和处理,并正确地作出解释。其主要过程如下。

①比较、鉴别资料数据。比较和鉴别资料数据的可靠性和真实性,无论对历史统计资料,还是对实际调查资料,都是必须进行的工作。这是因为调查资料的真实性和可靠性,将直接导致市场调查结论的准确性和可取性,进而影响到决策的成败。

②归纳处理资料数据。在进行了资料数据可取性和准确性的鉴别,并剔除了不真实和矛盾的资料数据之后,就要利用适宜的方法进行数据分类处理,制作统计分析图表。需要由计算机进行处理的还应进行分类编号,以便于计算和处理。

③分析、解释调查结论。在资料数据整理成表后,还要进行分析和研究,写出有依据、有分析、有结论的调查报告。

④编写调查报告。这是市场调查的最后一步,编写调查报告应简明扼要、重点突出、内容充实、分析客观、结论明确,其内容包括下述三个方面。

A. 总论。总论中应详细而准确地说明市场调查的目的、对象、范围和方法。

B. 结论。结论部分是调查报告的重点内容,应描述市场调查的结论,并对其进行论据充足、观点明确而客观的说明和解释以及建议。

C. 附件。附件部分包括市场调查所得到的图、表及参考文献。至此,一个完整的市场调查便宣告结束。

(四) 市场调查的方法

市场调查的方法较多,从可行性研究的需求预测的角度来看有资料分析法、直接调查法和抽样分析法三大类。

1. 资料分析法

资料分析法是对已有的情报资料和数据进行归纳、整理和分析,来确定市场动态和发展趋向的方法。市场调查人员平时应注意对与自己工作关系密切的各种情报资料进行日积月累的收集。在市场调查的目的和主题确定后,就可以对现有资料进行分类、归类和挑选,针对市场调查的目标和要求,给出分析和研究的结论。

如果平时没有积累有关资料,在明确市场调查主题后,可以通过情报资料的检索来查找所需的各种情报资料,包括政府部门的统计资料、年鉴、数据手册、期刊、产品资料、报纸、广告和新闻稿等。

资料分析法的优点是省时、省力。缺点是多数资料都是第二手或第三手的，其准确性也不好判断。如果可供分析用的资料数据缺乏完整性和齐全性，则分标结论的准确性和可靠性将会降低。

2. 直接调查法

直接调查法是调查者通过一定的形式向被调查者提问，来获取第一手资料的方法。常用的方法有电话查询、实地访谈和邮件调查三种方法。

（1）电话查询

电话查询是指借助电话直接向使用者或有关单位和个人进行调查的方法。这种方法的优点首先是迅速，节省时间，对于急需得到的资料或信息来讲，这种方法最简单易行；其次，这种方法在经济上较合算，电话费较之其他调查所需费用是便宜的。此外，这种方法易于为被调查者接受，避免调查者与被调查者直面相对。但是，这种方法的缺点也是比较明显的，主要有以下几点。

①被调查者必须是有电话的人。

②跨越省区较多时，长途传呼容易出现找人不在或交谈困难（如电话杂音过大）的现象。

③直接提问直接回答，容易使被调查者在考虑时间有限的情况下，对问题作出不太确切或模棱两可的回答。

所以，使用这种方法应注意以下几个原则。

A. 所提的问题应明确清楚。

B. 对于较为复杂的问题，应预先告之谈话内容，约好谈话时间。

C. 要对被调查者有深入的了解，根据其个性等特征确定适宜的谈话技巧。

（2）实地访谈

实地访谈就是通过采访、讨论、咨询和参加专题会议等形式进行调查的方法。这种方法的最大优点是灵活性和适应性较强。由于调查者和被调查者直接见面，在谈话时可以观察和了解被调查者的心理活动和状态，确定适宜的谈话角度和提问方式。同时，还可以对被调查者的回答进行归纳整理，明确其答案的要点，或者从中获取到其他信息。这种方法的另一个优点是可以一次或多次反复地进行探讨，直至问题清晰明了为止。这就为调查者把握调查的方向和主题创造了良好条件。一般来讲，这种方法适用于市场调查的所有内容，但是，如果调查对象较多、范围较大，其费用和时间支出也较大，而且这种调查的效果直接取决于市场调查人员的能力、经验和素质。

在使用这种方法进行市场调查时，应注意以下几点。

①明确市场调查的时间要求。
②根据市场调查费用选定调查对象和范围。
③选择好能够胜任该项工作的市场调查人员。
(3) 邮件调查

邮件调查包括邮寄信函或以电子邮件的方式发出调查表进行调查的方法。调查表的设计和提问可根据调查目的和主题确定。调查所提问题的内容应明确具体，并力求简短。提问的次序应遵循先易后难、先浅后深和先宽后窄的原则。

邮件调查的最大缺点是回收率低，而且调查项问题回答可能不全。此外，对于一些较复杂的问题，无法断定回答者是否真正理解，以及回答这一问题时的动机和态度。但是，由于邮件调查费用较低、调查范围广且调查范围可大可小，尤其是能给被调查者充分的思考时间，所以，这种方法也是市场调查中常用的方法之一。

3. 抽样分析法

抽样分析法是根据数理统计原理和概率分析进行抽样分析的方法，包括随机抽样分析法、标准抽样分析法和分项抽样分析法三种。

(1) 随机抽样分析法

随机抽样分析法就是对全部调查对象的任意部分进行抽取，然后根据抽取部分的结果去推断整体比例。

(2) 标准抽样分析法

随机抽样分析法的缺点在于没有考虑到所抽样本的代表性。对于样本个体差别较大的调查来讲，其结果可能出现较大的偏差，为弥补随机抽样分析法的这一缺点，可以采用标准抽样分析法，即在全体调查对象中，选取若干个具有代表性的个体进行调查分析。其分析计算过程和方法与随机抽样分析法相同，不同之处是这种方法首先设立了样本标准，不像随机抽样那样任意选取样本，其结果较随机抽样更具代表性和普遍性。其难点在于选取标准样本。

(3) 分项抽样分析法

分项抽样分析法是把全体调查对象按划定的项目分成若干组，通过对各组进行抽样分析后，再综合起来反映整体情况。分组时可按地区、职业、收入水平等各种标准进行，具体的划分标准应根据实际调查的要求和需要来确定。这种抽样分析方法同时具有随机抽样和标准抽样分析法的优点，是一种比较普通和常用的分析方法。

资料分析法、直接调查法和抽样分析法各有其优缺点，一般来讲，如果有条件的话，这些方法应结合使用，这样才有利于达到市场调查的准确性和实用性。

四、市场预测方法

(一) 市场预测的程序与分类

市场预测的方法种类很多，各有其优缺点。从总体上说，有定性预测和定量预测两大类。可行性研究中主要是预测需求，说明拟建项目的必要性，并为确定拟建规模和服务周期等提供依据。

按照预测的长短，可以将其分为短期预测（一年内）、中期预测（2～5年）和长期预测（5年以上）三类。

无论是定性预测还是定量预测，都可能存在难以预计因素影响预测工作的准确性。所以预测工作应当遵守一定的科学预测程序，具体如下。

①确定预测目标，如市场需求量等。

②调查研究，收集资料与数据。

③选择预测方法。

④计算预测结果。

⑤分析预测误差，改进预测模型。

(二) 市场预测的常用方法

现将几种市场预测的常用方法介绍如下。

1. 年平均增长率法

年平均增长率法是一种极为简单而常用的需求预测方法，适用于历史资料数据较全，并且变化比较稳定的需求量预测。其优点是方便且迅速，缺点是比较笼统和粗略。

2. 回归预测法

回归预测法是根据历史资料和调查数据，通过确定自变量与因变量之间的函数关系，以历史和现状去推测未来变化趋势的数学方法。

3. 平滑预测法

平滑预测法是适用于短期和中期预测的一种时间序列分析方法。平滑预测方法并不像回归预测方法那样，采用简单的平均数进行数据处理。它是在假定过去和现在的变化特征可以代表未来，并在排除外界随机因素干扰的前提下，通过移动平均的方法来推断未来的发展趋势。对于增长率变化趋势很大的产品，不能用这种方法进行需求预测。平滑预测法分为移动平均法和指数平滑法两种。

第二节 建筑工程项目财务评价

一、工程项目的投资估算

按照我国现行的项目投资管理规定，工程建设项目投资的估算包括固定资产投资估算和流动资金的估算。

（一）固定资产投资的构成及估算方法

固定资产投资估算包括固定资产投资、固定资产投资方向调节税和建设期利息3项内容，分别对上述3项内容估算或计算后即可以编制固定资产投资估算表。而工程项目固定资产投资按照占用性质划分，可分为建筑安装工程费、设备及工器具购置费、工程建设其他费用、基本预备费、涨价预备费、固定资产投资方向调节税和建设期利息等内容。根据国家发改委对固定资产投资实行静态控制、动态管理的要求，又将固定资产投资分为静态投资和动态投资两部分。其中固定资产投资静态部分包括建筑安装工程费、设备及工器具购置费、工程建设其他费用及基本预备费等内容；固定资产投资动态部分包括涨价预备费、固定资产投资方向调节税、建设期借款利息，在概算审查和工程竣工决算中还应考虑国家批准新开征的税费和建设期汇率变动等内容。

1. 固定资产投资估算的构成

（1）固定资产投资

固定资产投资是指为建设或购置固定资产所支付的资金。一般建设项目固定资产投资包括三个部分，即工程费用、工程建设其他费用和预备费用。

①工程费用是指直接构成固定资产的费用，包括主要生产工程项目、辅助生产工程项目、公共工程项目、服务性工程项目、生活福利设施及厂外工程等项目的费用。工程费用又可分为建筑安装工程费用、设备购置费用（由设备购置费和工器具、生产家具购置费组成）、安装工程费用等。

②工程建设其他费用是指根据有关规定应列入固定资产投资的除建筑工程费用和设备、工器具购置费以外的一些费用，并列入工程项目总造价或单项工程造价的费用。

工程建设其他费用包括土地征用费、居民迁移费、旧有工程拆除和补偿费、生产职工培训费、办公和生活家具购置费、生产工器具及生产家具购置费、建设单位临时设施费、工程监理费、工程保险费、工程承包费、引进技术和进口设备其他费用、联合试运转费、研究试验费、勘察设计费、施工安全技术措施费等。

③预备费用是指在项目可行性研究中难以预料的工程费用，包括基本预备费和涨价预备费。基本预备费是指在初步设计和概算中难以预料的费用，涨价预备费是指从估算年到项目建成期间内预留的因物价上涨而引起的投资费增加数额。

（2）固定资产投资方向调节税

固定资产投资方向调节税的重点是计税基数和税率的取值是否正确。

投资项目实际完成投资额包括建筑工程费、设备及工器具购置费、安装工程费、其他费用及预备费等，但更新改造项目是以建筑工程实际完成的投资额为计税依据的。固定资产投资方向调节税根据国家产业政策确定的产业发展序列和经济规模的要求，实行差别税率，对基本建设项目投资适应税率的具体规定如下。

①国家急需发展的项目投资，如农业、林业、水利、能源、交通、通信、原材料、科教、地质、勘探、矿山开采等基础产业和薄弱环节的部门项目投资，适用零税率。

②对国家鼓励发展但受能源、交通等制约的项目投资，如钢铁、化工、石油、水泥等部分重要原材料项目，以及一些重要机械、电子、轻工工业和新型建材的项目，实行5%的税率。

③为配合住房制度改革，对城乡个人修建、购买住宅的投资实行零税率；单位修建、购买一般性住宅投资，实行5%的低税率；对单位用公款修建、购买高标准独门独院、别墅式住宅投资，实行30%的高税率。

④对楼堂管所以及国家严格限制发展的项目投资，课以重税，税率为30%。

⑤对不属于上述四类的其他项目投资，实行中等税负政策，税率15%。

根据工程投资分年用款计划，分年计算投资方向调节税，列入固定资产投资总额，建设项目竣工后，应计入固定资产原值，但不作为设计、施工和其他取费的基数。目前固定资产投资方向调节税暂不征收。

固定资产投资估算的主要依据有：项目建议书，项目建设规模、产品方案；设计方案、图样及设备明细表；设备价格、运杂费用率及当地材料预算价格；同类型建设项目的投资资料及有关标准、定额等。

（3）建设期利息

建设期利息是指建设项目建设中有偿使用的投资部分，在建设期内应偿还的借款利息及承诺费。除自有资金、国家财政拨款和发行股票外，凡属有偿使用性质的资金，包括国内银行和其他非银行金融机构贷款、出口信贷、外国政府贷款、国际商业贷款、在境内外发行的债券等,均应计算建设期利息。

建设期利息应考虑的重点是借款分年用款额是否符合项目建设的实际情况,利率的计算是否符合贷款条件,利息额的计算是否有低估的现象等。

项目建设期利息,按照项目可行性研究报告中的项目建设资金筹措方案确定的初步贷款意向规定的利率、偿还方式和偿还期限计算。对于没有明确意向的贷款,按项目适用的现行一般(非优惠)贷款利率、期限、偿还方式计算。

2. 固定资产投资估算的方法

对于项目建议书阶段固定资产投资,可采用一些简便方法估算,主要有如下几种方法。

(1) 百分比估算法

百分比估算法又分为设备系数法和主体专业系数法两种。

①设备系数法。设备系数法以拟建项目的设备费为基数,根据已建成的同类项目或装置的建筑安装费和其他工程费用等占设备价值的百分比,求出相应的建筑安装及其他有关费用,其总和即为项目或装置的投资。

②主体专业系数法。主体专业系数法以拟建项目中的最主要、投资比重较大并与生产能力直接相关的工艺设备的投资(包括运杂费及安装费)为基数,根据同类型的已建项目的有关统计资料,计算出拟建项目的各专业工程(总图、土建、暖通、给排水、管道、电气及电信、自控及其他工程费用等)占工艺设备投资的百分比,求出各专业的投资,然后把各部分投资费用(包括工艺设备费)相加求和,即为项目的总费用。

(2) 朗格系数法

朗格系数法以设备费为基础,乘以适当系数来推算项目的建设费用。其计算公式如下。

$$D = CK_L$$

式中:D——总建设费用;

C——主要设备费用;

K_L——朗格系数,$K_L = (1 + \sum K_i)K_e$;

K_i——管线、仪表、建筑物等项费用的估算系数;

K_e——管理费、合同费、应急费等项费用的总估算系数。

朗格系数法比较简单,但没有考虑设备规格、材质的差异,所以精确度不高。

(3) 生产能力指数法

生产能力指数法根据已建成的、性质类似的建设项目或生产装置的投资额和生产能力及拟建项目或生产装置的生产能力估算项目的投资额。

若已建类似项目或装置的规模和拟建项目或装置的规模相差不大,生产规模比值在 0.5~2 之间,则指数 n 的取值近似为 1。

若已建类似项目或装置与拟建项目或装置的规模相差不大于 50 倍,并且拟建项目的扩大仅靠增大设备规模来达到时,则 n 取值在 0.6~0.7 之间;若是靠增加相同规格设备的数量达到时,n 的取值在 0.8~0.9 之间。

采用这种方法,计算简单、速度快;但要求类似工程的资料完整可靠,条件基本相同,否则误差就会增大。

(4) 指标估算法

对于房屋、建筑物等投资的估算,经常采用指标估算法。指标估算法是根据各种具体的投资估算指标,进行单位工程投资的估算。投资估算指标的形式较多,用这些投资估算指标乘以所需的面积、体积、容量等,就可以求出相应的土建工程、给排水工程、照明工程、采暖工程、变配电工程等各单位工程的投资。在此基础上,可汇总成每一单项工程的投资。另外再估算出工程建设其他费用及预备费,即可求得建设项目总投资。

采用这种方法时要注意两点:①若套用的指标与具体工程之间的标准或条件有差异时,应加以必要的局部换算或调整;②使用的指标单位应紧密结合每个单位工程的特点,能正确反映其设计参数,切勿盲目地单纯套用一种单位指标。

3. 固定资产投资额的归集

(1) 固定资产

固定资产指使用期限超过一年,单位价值在规定标准以上(或单位价值虽然低于规定标准,但属于企业的主要设备等),在使用过程中保持原有实物形态的资产,包括房屋及建筑物、机器设备、运输设备、工器具等。经济评估中可将建筑工程费、设备及工器具购置费、安装工程费及应分摊的待摊投资计入固定资产原值,并将建设期借款利息和固定资产投资方向调节税全部计入固定资产原值。待摊投资是指工程建设其他费用中除应计入无形资产和递延资产以外的全部费用,包括土地征用及迁移补偿费、建设单位管理费、勘察设计费、研究试验费、建设单位临时设施费、工程监理费、工程保险费、工程承包费、供电贴费、施工迁移费、引进技术和进口设备其他费用、联合试运转费、办公及生活家具购置费、预备费、建设期利息、投资方向调节税等。

(2) 无形资产

无形资产指企业长期使用但没有实物形态的资产,包括专利权、商标权、土地使用权、非专利技术、商誉等。项目经济评估中可将工程建设其他费用中的土地使用权技术转让费等计入无形资产。

(3) 递延资产

递延资产指不能计入工程成本，应当在生产经营期内分期摊销的各项递延费用。项目经济评估中可将工程建设其他费用中的生产职工培训费、样品样机购置费及农业项目中的农业开荒费等计入递延资产价值。

4. 固定资产投资估算表及其他相关财务报表的编制

①固定资产投资估算表的编制。该表包括固定资产投资、固定资产投资方向调节税和建设期利息三项内容，分别对上述三项内容估算或计算后即可编制此表。

②固定资产折旧费估算表的编制。该表包括各项固定资产的原值、分年度折旧额与净值以及期末余值等内容。编制该表首先要依据固定资产投资估算表确定各项固定资产原值，再依据项目的生产期和有关规定确定折旧方法、折旧年限与折旧率，进而计算各年的折旧费和净值，最后汇总得到项目总固定资产的年折旧费和净值。

③无形资产及递延资产摊销费估算表的编制。该表的内容和编制与固定资产折旧费估算表类似。编制时，首先确定无形资产及递延资产的原值，再按摊销年限等额摊销。无形资产的摊销年限不少于 10 年，递延资产的摊销年限不少于 5 年。

(二) 建设项目流动资金的构成及估算方法

1. 流动资金的估算方法

流动资金的估算方法包括扩大指标估算法和分项详细估算法。

(1) 扩大指标估算法

扩大指标估算法是按照流动资金占某种费用基数的比率来估算流动资金。一般常用的费用基数有销售收入、经营成本、总成本费用和固定资产投资等，究竟采用何种基数依行业习惯而定。所采用的比率根据经验确定，可按照行业或部门给定的参考值确定。也有的行业习惯按单位产量占用流动资金额估算流动资金。扩大指标估算法简便易行，适用于项目的初选阶段。

(2) 分项详细估算法

分项详细估算法是通常采用的流动资金估算方法。采用分项详细估算法时，流动资金的估算可以使用下列公式：

$$流动资金＝流动资产－流动负债$$

$$流动资产＝现金＋应收和预付账款＋存货$$

$$流动负债＝应付账款＋预付账款$$

$$流动资金本年增加额＝本年流动资金－上年流动资金$$

流动资产和流动负债各项构成估算公式如下：

①现金的估算。

现金＝（年工资及福利费＋年其他费用）/现金周转次数

年其他费用＝制造费用＋管理费用＋销售费用

式（年其他费用＝制造费用＋管理费用＋销售费用）中的三项费用中包含工资及福利费、折旧费、维简费、摊销费、修理费等。

周转次数＝360天/最低需要周转天数

②应收（预付）账款的估算。

应收账款＝年经营成本/应收账款周转次数

③存货的估算。

存货包括各种外购原材料、燃料、包装物、低值易耗品、在产品、外购商品、协作件、自制半成品和产成品等。项目中的存货一般仅考虑外购原材料、燃料，在产品、产成品，也可考虑备品备件。

存货＝外购原材料＋外购燃料＋在产品＋产成品

外购原材料、燃料是指为保证正常生产需要的原材料、燃料、包装物、备品备件等占用资金较多的投入物，需按品种类别逐项分别估算。其计算公式如下。

外购原材料、燃料＝全年外购原材料、燃料/原材料、燃料周转次数

在产品＝（年外购原材料、燃料和动力费用＋年工资及福利费＋年修理费＋年其他制造费用）/在产品周转次数式

产成品＝年经营成本/周转次数

④流动负债应付（预收）账款的估算。

应付账款＝（年外购原材料、燃料动力和商品备件费用）/应付账款周转次数

⑤铺底流动资金的估算。

流动资金一般应在项目投产前开始筹措。根据国家现行规定的要求，新建、扩建和技术改造项目，必须将项目建成投产后所需的30％铺底流动资金列入投资计划，铺底流动资金不落实的，国家不予批准立项，银行不予贷款。铺底流动资金的计算公式为：

铺底流动资金＝流动资金×30％

铺底流动资金是计算项目资本金的重要依据，也是国家控制项目投资规模的重要指标。根据国家现行规定，国家控制投资规模的项目总投资包括固定资产投资和铺底流动资金，并以此为基数计算项目资本金比例。其计算公式如下。

项目总投资＝固定资产投资＋铺底流动资金

固定资产投资＝固定资产投资静态部分＋固定资产投资动态部分

对于概算调整和后评价项目,固定资产投资动态部分还应包括建设期因汇率变动而产生的汇兑损益以及国家批准新开征的其他税费。

项目资本金最低需要量＝项目总投资×国家规定的最低资本金比例

2. 流动资金估算表及其他相关财务报表的编制

(1) 流动资金估算表的编制

流动资金估算表包括流动资产、流动负债、流动资金及流动资金本年增加额四项内容。该表是在对生产期内各年流动资金估算的基础上编制的。

(2) 投资计划与资金筹措表的编制

投资计划与资金筹措表包括总投资的构成、资金筹措及各年度的资金使用安排,该表可依据固定资产投资估算表和流动资金估算表编制。

二、工程项目的收益估算

(一) 工程项目成本费用的构成

成本费用是反映产品生产中资源消耗的一个主要基础数据,是形成产品价格的重要组成部分,是影响项目经济效益的重要因素。建设项目产出品成本费用的构成与计算,既要符合现行财务制度的有关规定又要满足经济评价的要求。

按照财政部新颁布的财务制度,参照国际惯例,将成本核算办法由原来的完全成本法改为制造成本法。所谓制造成本法是在核算产品成本时,只分配与生产经营最直接和关系密切的费用,而将与生产经营没有直接关系和关系不密切的费用计入当期损益。即直接材料、直接工资、其他直接支出和制造费用计入产品制造成本,管理费用、财务费用和销售费用直接计入当期损益,不要求计算产品的总成本费用。

制造成本＝直接材料＋直接燃料和动力＋直接工资＋其他直接支出＋制造费用

期间费用＝管理费用＋财务费用＋销售费用

1. 制造成本

制造成本是指为生产商品和提供劳务等发生的各项费用,包括直接材料、直接耗费的燃料、动力和直接人工等其他直接费用(支出)。

①直接材料费包括企业生产经营过程中实际消耗的原材料、辅助材料、备品配件、外购半成品、包装物以及其他直接材料费等。

②直接燃料、动力费包括企业生产经营过程中实际消耗的燃料、动力费。

③直接工资包括企业直接从事产品生产人员的工资、奖金、津贴和补贴。

④直接支出包括企业直接从事产品生产人员的职工福利费等。

⑤制造费用是指企业各生产单位为组织和管理生产活动而发生的生产单位管理人员工资、职工福利费、生产单位房屋建筑物、机械设备等的折旧费、矿山维简费、租赁费、修理费、机物料消耗、低值易耗品、水电费、办公费、差旅费、运输费、保险费、劳动保护费等。

2. 期间费用

期间费用包括管理费用、财务费用和销售费用等。

(1) 管理费用

管理费用是指企业行政管理部门为管理和组织生产经营活动而发生的各项费用，包括公司经费、工会经费、职工教育经费、劳动保险费、待业保险费、董事会费、咨询费、审计费、评估费、诉讼费、排污费、绿化费、税金、土地使用费、土地损失补偿费、技术转让费、技术开发费、无形资产摊销、递延资产摊销、业务招待费、坏账损失、存货盘亏、毁损和报废（减盘盈）以及其他管理费用。

①公司经费包括总部管理人员工资、职工福利费、差旅费、办公费、折旧费、修理费、物料消耗、低值易耗品摊销以及其他公司费用。

②工会经费是指按照职工工资总额2%计提交给工会的经费。

③职工教育经费是指企业为职工学习先进技术和提高文化水平支付的费用，按照职工工资总额的1.5%计提。

④劳动保险费是指企业支付离退休职工的退休金（包括按照规定交纳的离退休统筹金）、价格补贴、医药费（包括企业支付离退休人员参加医疗保险的费用）、职工退职金、6个月以上病假人员工资、职工死亡丧葬补助费、抚恤费，按照规定支付给离退休人员的各项经费。

⑤待业保险费是指企业按照国家规定交纳的待业保险基金。

⑥董事会费是指企业最高权力机构（如董事会）及其成员为执行职能而发生的各项费用，包括差旅费、会议费等。

⑦咨询费是指企业向有关咨询机构进行科学技术、经营管理咨询所支付的费用，包括聘请经济技术顾问、法律顾问等支付的费用。

⑧审计费是指企业聘请中国注册会计师进行查账验资等发生的各项费用。评估费是指企业聘请资产评估机构进行资产评估等发生的各项费用。

⑨诉讼费是指企业起诉或者应诉而发生的各项费用。

⑩排污费是指企业按照规定交纳的排污费用。

⑪绿化费是指企业对厂区、矿区进行绿化而发生的零星绿化费用。

⑫税金是指企业按照规定支付的房产税、车船使用税、土地使用税、印花

税等。

⑬土地使用费（海域使用费）是指企业因使用土地（海域）而支付的费用。技术转让费是指企业使用非专利技术而支付的费用。

⑭技术开发费是指企业研究开发新产品、新技术、新工艺所发生的新产品设计费、工艺规程制定费、设备调试费、原材料和半成品的试验费、未纳入国家计划的中间试验费、研究人员的工资、研究设备的折旧、与新产品试制技术研究有关的其他经费、委托其他单位进行的科研试制的费用以及试制失败损失等。

⑮无形资产摊销是指专利权、商标权、著作权、土地使用权、非专利技术等无形资产的摊销。

⑯递延资产摊销是指开办费和以经营租赁方式租入的固定资产改良支出等。以经营租赁方式租入的固定资产改良支出，是指能增加以经营租赁方式租入固定资产的效能或延长使用寿命的改装、翻修、改建等支出。

⑰开办费是指项目在筹建期间发生的费用，包括筹建期间的人员工资、办公费、培训费、差旅费、印刷费、注册登记费以及不计入固定资产和无形资产购置成本的汇兑损益、利息等支出。

⑱业务招待费是指企业为业务经营的合理需要而支付的费用，按有关规定列入管理费用。

（2）财务费用

财务费用是指企业为筹集和使用资金而发生的各项费用，包括企业生产经营期间发生的利息支出（减利息收入）、汇兑净损失、调剂外汇手续费、金融机构手续费以及筹资发生的其他财务费用等。

（3）销售费用

销售费用是指企业在销售产品、自制半成品和提供劳务等过程中发生的各项费用以及专设销售机构的各项经费，包括应由企业负担的运输费、装卸费、包装费、保险费、委托代销手续费、广告费、展览费、租赁费（不含融资租赁费）、销售服务费用和销售部门人员工资、职工福利费、差旅费、办公费、折旧费、修理费、物料消耗、低值易耗品摊销等。

（二）项目评价中的产出品成本费用的构成与计算

项目评价中的产出品成本费用在构成原则上应符合现行财务制度的有关规定，但其具体预测方法和一些费用的处理与企业会计实际成本核算是不同的。根据项目经济评价的特点，《建设项目经济评价方法与参数》要求计算项目的总成本费用，为了满足现金流量分析的要求，还应计算经营成本费用。

1. 总成本费用的构成与计算

总成本费用可按以下两种方法计算其构成。

总成本费用＝直接材料＋直接燃料和动力＋直接工资＋其他直接支出＋制造费用＋管理费用＋财务费用＋销售费用

总成本费用＝外购材料费＋外购燃料及动力费＋工资及福利费＋折旧费＋摊销费＋修理费＋矿山维简费＋其他费用＋利息支出

式（总成本费用＝外购材料费＋外购燃料及动力费＋工资及福利费＋折旧费＋摊销费＋修理费＋矿山维简费＋其他费用＋利息支出）中，折旧费包括制造费用、管理费用和销售费用的折旧费；摊销费包括制造费用、管理费用和销售费用的摊销费。

式（总成本费用＝直接材料＋直接燃料和动力＋直接工资＋其他直接支出＋制造费用＋管理费用＋财务费用＋销售费用）是在制造成本的基础上计算总成本费用，式（总成本费用＝外购材料费＋外购燃料及动力费＋工资及福利费＋折旧费＋摊销费＋修理费＋矿山维简费＋其他费用＋利息支出）是按生产费用的各要素计算总成本费用。使用时可根据行业、项目产品生产的特点选择其中一种进行计算。第二种方法对于多产品项目的成本估算可以起到明显简化作用，其不足之处是不能直接核算每种产品的制造成本。对于一般项目财务效益的评估，如果不要求分别计算每种产品的盈利能力，可采用第二种方法。

（1）以制造成本为基础计算总成本费用

以产品制造（生产）成本为基础进行估算，首先要计算各产品的直接成本，包括直接材料费、直接燃料和动力费、直接工资和其他直接支出；然后计算间接成本，主要指制造费用；再计算管理费用、销售费用和财务费用，其中折旧费和摊销费可以单独列项。具体公式如下。

直接材料费＝直接材料消耗量×单价

直接燃料和动力费＝直接燃料和动力消耗量×单价

直接工资及其他直接支出＝直接从事产品生产人员数量×人均年工资及福利费

制造费用除折旧费外可按照一定的标准估算，也可按制造费用中各项费用内容详细计算。

管理费用除折旧费、摊销费外可按照一定的标准估算，也可按照管理费用中各项费用的内容详细计算。

销售费用除折旧费外可按照一定的标准估算，也可按销售费用中各项费用内容详细计算。

财务费用应分别计算长期借款和短期借款利息。

(2) 以生产费用为基础计算总成本费用

这种方法是按成本费用中各项费反性质进行归类后,再计算总成本费用。

①外购材料费。外购材料费包括直接材料费中预计消耗的原材料、辅助材料、备品配件、外购半成品、包装物以及其他直接材料费;制造费用、管理费用以及销售费用中机物料消耗、低值易耗品费用及其运输费用等归并在本科目内,可统称为其他材料费。其计算公式如下。

外购材料费＝主要外购材料消耗定额×单价＋辅料及其他材料费

②外购燃料及动力费。外购燃料及动力费包括直接材料费中预计消耗的外购燃料及动力,销售费用中的外购水电费等。

外购燃料及动力费＝主要外购燃料及动力消耗量×单价＋其他外购燃料及动力费

式中,主要外购燃料及动力消耗量,是指按拟订方案提出的消耗量占总消耗量比例较大的外购燃料及动力;其他外购燃料及动力费是指消耗量占总消耗量比例较小的外购燃料及动力,其计算方法可根据项目的实际情况,采用占主要外购燃料及动力费的百分比进行估算;单价中包括外购燃料动力的售价、运费及其他费用,还应注明是否含增值税的进项税。

③工资及福利费。工资及福利费包括直接工资及其他直接支出(指福利费)、制造费用、管理费用以及销售费用中管理人员和销售人员的工资及福利费。

直接工资包括企业以各种形式支付给职工的基本工资、浮动工资、各类补贴、津贴、奖金等。

工资及福利费＝职工总人数×人均年工资指标(含福利费)

式中,职工总人数是指按拟订方案提出的生产人员、生产管理人员、工厂总部管理人员及销售人员总人数;人均年工资指标(含福利费)有时也可考虑一定比例的年增长率。

职工福利费主要用于职工的医药费(包括企业参加职工医疗保险交纳的医疗保险费)、医护人员的工资、医务经费、职工因公伤赴外地就医路费,职工生活困难补助,职工浴室、理发室、幼儿园、托儿所人员的工资,以及按照国家规定开支的其他职工福利支出。现行规定一般为工资总额的14%。

④折旧费指全部固定资产的折旧费。

⑤摊销费指无形资产和递延资产摊销。

⑥修理费。修理费是为恢复固定资产原有生产能力、保持原有使用效能,对固定资产进行修理或更换零部件而发生的费用,它包括制造费用、管理费用和销售费用中的修理费。固定资产修理费一般按固定资产原值的一定百分比计

提，计提比例可根据经验数据、行业规定或参考各类企业的实际数据加以确定。其具体计算公式如下。

修理费＝固定资产原值×计提比例

⑦其他费用。其他费用是制造费用、管理费用和销售费用之和，扣除上述计入各科目的机物料消耗、低值易耗品费用及其运输费用、水电费、工资及福利费、折旧费、摊销费及修理费等费用后其他所有费用的统称。其计算方法一般采用工时费用指标、工资费用指标或以上述成本费用①至⑦之和为基数按照一定的比例计算。其计算公式分别如下。

其他费用＝总工时（或设计总工时）×工时费用指标（元/工时）

式中，工时费用指标（元/工时）根据行业特点或规定计算。

其他费用＝生产单位职工总数×生产单位一线基本职工比重系数×工资费用指标（元/人）

式中，工资费用指标（元/人）根据行业特点或规定来计算。

其他费用＝总成本费用（①至⑦之和）×百分比率

式中，百分比率根据行业特点或规定来确定。

⑧财务费用指生产经营期间发生的利息支出、汇兑损失以及相关的金融机构手续费，包括长期借款和短期借款利息。

2. 折旧费的计算

固定资产在使用过程中要经受两种磨损，即有形磨损和无形磨损。有形磨损是由于生产因素或自然因素（外界因素和意外灾害等）引起的。无形磨损亦称经济磨损，是非使用和非自然因素引起的固定资产价值的损失，比如技术进步会使生产同种设备的成本降低从而使原设备价值降低，或者由于科学技术进步出现新技术、新设备从而引起原来低效率的、技术落后的旧设备贬值或报废等。

固定资产的价值损失，通常是通过提取折旧的方法来补偿的，即在项目使用寿命期内，将固定资产价值以折旧的形式列入产品成本中，逐年摊还。

固定资产的经济寿命与折旧寿命，都要考虑上述两种磨损，但其含义并不完全相同。

经济寿命是指资产（或设备）在经济上最合理的使用年限，也就是资产的总年成本最小或总年净收益最大时的使用年限。一般设备使用达到经济寿命或虽未用到经济寿命，但已出现新型设备，使得继续使用该设备已不经济时，即应更新。

折旧寿命亦称"会计寿命"，是指按照国家财政部门规定的资产使用年限逐年进行折旧，一直到账面价值（固定资产净值）减至固定资产残值时所经历的全部时间。从理论上讲，折旧寿命应以等于或接近经济寿命为宜。

下列固定资产应当提取折旧。

①房屋、建筑物。

②在用的机器设备、运输车辆、器具、工具。

③季节性停用和大修理停用的机器设备。

④以经营租赁方式租出的固定资产。

⑤以融资租赁方式租入的固定资产。

⑥财政部规定的其他应计提折旧的固定资产。

下列固定资产，不得提取折旧。

A. 土地。

B. 房屋、建筑物以外的未使用、不需用以及封存的固定资产。

C. 以经营租赁方式租入的固定资产。

D. 已提足折旧还继续使用的固定资产。

E. 按照规定提取维简费的固定资产。

F. 已在成本中一次性列支而形成的固定资产。

G. 破产、关停企业的固定资产。

H. 财政部规定的其他不得提取折旧的固定资产。

计算折旧的要素是固定资产原值、使用期限（或预计产量）和固定资产净残值。

按折旧对象的不同来划分，折旧方法可分为个别折旧法、分类折旧法和综合折旧法。个别折旧法是以每一项固定资产为对象来计算折旧；分类折旧法以每一类固定资产为对象来计算折旧；综合折旧法则以全部固定资产为对象计算折旧。

另外，按固定资产在项目生产经营期内前后期折旧费用的变化性质来划分，折旧方法又可划分为年限平均法、工作量法和加速折旧法。

折旧费包括制造费中生产单位房屋建筑物、机械设备等折旧费，管理费用和销售费用中房屋建筑物、设备等折旧费。固定资产折旧原则上采用分类法计算折旧，固定资产分类及折旧年限参照财政部颁发的有关财务制度确定。项目投资额较小或设备种类较多，并且设备投资占固定资产投资比重不大的项目也可采用综合折旧法，折旧费计算方法与年限平均法相同，折旧年限可与项目经营期一致。

固定资产的净残值等于残值减去清理费用后的余额，净残值按照固定资产原值的3%～5%确定。中外合资项目规定净残值率为10%。

融资性租赁的固定资产也应按以上的方法计提折旧额。

固定资产折旧应当根据固定资产原值、预计净残值、预计使用年限或预计工作量，采用年限平均法或者工作量（或产量）法计算，也可采用加速折旧法。

(1) 年限平均法

固定资产折旧方法一般采用年限平均法（也称直线折旧法）。年限平均法的固定资产折旧率和年折旧额计算公式如下。

年折旧率＝[（1－预计净残值率）/折旧年限]×100%

年折旧额＝固定资产原值×年折旧率

(2) 工作量法

工作量法又称作业量法，是以固定资产的使用状况为依据计算折旧的方法。企业专业车队的客货运汽车，某些大型设备可采用工作量法。工作量法的固定资产折旧额的基本计算公式如下。

工作量折旧额＝[固定资产－原值×（1－预计净残值率）]/规定的总工作量

①按照行驶里程计算折旧的公式。

单位里程折旧额＝原值×（1－预计净残值率）

年折旧额＝单位里程折旧额×年行驶里程

②按照工作小时计算折旧的公式。

每工作小时折旧额＝原值×（1－预计净残值率）

年折旧额＝每工作小时折旧额×年工作小时

以上各式中的净残值均按照固定资产原值的3%～5%确定的，由企业自主确定，并报主管财政部门备案。

(3) 加速折旧法

加速折旧法又称递减费用法，即固定资产每期计提的折旧数额不同，在使用初期计提得多，而在后期计提得少，是一种相对加快折旧速度的方法。加速折旧方法很多，新财务制度规定，在国民经济中具有重要地位、技术进步快的电子生产企业、船舶工业企业、生产"母机"的机械企业、飞机制造企业、汽车制造企业、化工生产企业和医药生产企业以及财政部批准的特殊行业的企业，其机器设备可以采用双倍余额递减法或者年数总和法计算折旧额。

①双倍余额递减法：该方法是以年限平均法折旧率两倍的折旧率计算每年折旧额的方法，其计算公式如下。

年折旧率＝（2/折旧年限）×100%

年折旧额＝固定资产净值×年折旧率

在采用该方法时，应注意以下两点：A. 计提折旧固定资产价值包含残值，亦即每年计提的折旧额是用年限平均法两倍的折旧率去乘该资产的年初账面净值；B.采用该法时，只要仍使用该资产，则其账面净值就不可能完全冲销。因此，在资产使用的后期，如果发现某一年用该法计算的折旧额少于年限平均法计算的折旧额时，就可以改用平均年限法计提折旧。为了操作简便起见，新财务制度规定实行双倍余额递减法的固定资产，应在固定资产折旧到期前两年内，将固定资产账面净值扣除预计净残值后的净额平均摊销。

②年数总和法：年数总和法是根据固定资产原值减去净残值后的余额，按照逐年递减的分数（即年折旧率，亦称折旧递减系数）计算折旧的方法。每年的折旧率为一变化的分数，分子为每年尚可使用的年限，分母为固定资产折旧年限逐年相加的总和，其计算公式如下。

年折旧额＝（固定资产原值－预计净残值）×年折旧率

3.摊销费的计算

无形资产与递延资产的摊销是将这些资产在使用中损耗的价值转入至成本费用中去。一般不计残值，从受益之日起，在一定期间内分期平均摊销。

无形资产的摊销期限，凡法律和合同或企业申请书分别规定有效期限和受益年限的，按照法定有效期限与合同或企业申请书规定的受益年限孰短的原则确定。无法确定有效期限，但企业合同或申请书中规定有受益年限的，按企业合同或申请书中规定的受益年限确定。无法确定有效期限和受益年限的，按照不少于10年的期限确定。

递延资产，一般按照不少于5年的期限平均摊销。其中，以经营租赁方式租入的固定资产改良工程支出，在租赁有效期限内分期摊销。

无形资产、递延资产的摊销价值通过销售收入得到补偿，将增加企业盈余资金，可用作周转资金或其他用途。

(三)经营成本费用

经营成本费用是项目经济评价中的一个专门术语，是为项目评价的实际需要专门设置的。经营成本的计算公式如下。

经营成本费用＝总成本费用－折旧费－维简费－摊销费－利息支出

项目评价采用"经营成本费用"概念的原因如下。

①项目评价动态分析的基本报表是现金流量表，它根据项目在计算期内各年发生的现金流入和流出，进行现金流量分析。各项现金收支在何时发生，就在何时计入。由于投资已在其发生的时间作为一次性支出被计为现金流出，所以不能将折旧费和摊销费在生产经营期再作为现金流出，否则会发生重复计算。因此，在现金流量表中不能将含有折旧费和摊销费的总成本费用作为生产经营期经常性支出，而规定以不包括折旧费和摊销费的经营成本作为生产经营期的经常性支出。对于矿山项目，将维简费视同折旧费处理，因此，经营成本

中不包括维简费。

②财务评价要编制的现金流量表有全部投资现金流量表和自有资金现金流量表。全部投资现金流量表是在不考虑资金来源的前提下，以全部投资（固定资产投资和流动资金，不含建设期利息）作为计算基础，因此生产经营期的利息支出不应包括在现金流出中。

（四）可变成本与固定成本

为了进行项目的成本结构分析和不确定性分析，在项目经济评估中应将总成本费用按照费用的性质划分为可变成本和固定成本。

产品成本费用按其与产量变化的关系分为可变成本、固定成本和半可变（或半固定）成本。在产品总成本费用中，有一部分费用随产量的增减而成比例地增减，称为可变成本，如原材料费用一般属于可变成本；另一部分费用与产量的多少无关，称为固定成本，如固定资产折旧费、管理费用；还有一些费用，虽然也随着产量增减而变化，但非成比例地变化，称为半可变（半固定）成本，如修理费用。通常将半可变成本进一步分解为可变成本与固定成本。因此，产品总成本费用最终可划分为可变成本和固定成本。

在项目财务分析中，可变成本和固定成本通常是参照类似生产企业两种成本占总成本费用的比例来确定。

（五）销售收入估算

销售（营业）收入是指项目投产后在一定时期内销售产品（营业或提供劳务）而取得的收入。销售（营业）收入估算的主要内容包括如下几项。

1. 生产经营期各年生产负荷的估算

项目生产经营期各年生产负荷是计算销售收入的基础。经济评估人员应配合技术评估人员鉴定各年生产负荷的确定是否有充分依据，是否与产品市场需求量预测相符合，是否考虑了项目的建设进度，以及原材料、燃料、动力供应和工艺技术等因素对生产负荷的制约和影响作用。

2. 产品销售价格的估算

销售（营业）收入的重点是对产品价格进行估算。要鉴定选用的产品销售（服务）价格是否合理，价格水平是否反映市场供求状况，判别项目是否高估或低估了产出物价格。

为防止人为夸大或缩小项目的效益，属于国家控制价格的物资，要按国家规定的价格政策执行；价格已经放开的产品，应根据市场情况合理选用价格，一般不宜超过同类产品的进口价格（含各种税费）。产品销售价格一般采用出厂价格，参考当前国内市场价格和国际市场价格，通过预测分析而合理选定。出口产品应根据离岸价格扣除国内各种税费计算出厂价格，同时还应考虑与投入物价格选用的同期性,并注意价格中不应含有增值税。

(六) 销售税金及附加的估算

销售税金及附加是指新建项目生产经营期(包括建设与生产同步进行情况下的生产经营期)内因销售产品(营业或提供劳务)而发生的消费税、营业税、资源税、城市维护建设税及教育费附加,是损益表和财务现金流量表中的一个独立项目。销售税金及附加的计征依据是项目的销售(营业)收入,不包括营业外收入和对外投资收益。

销售税金及附加,应随项目具体情况而定,分别按生产经营期各年不同生产负荷进行计算。各种税金及附加的计算应符合国家规定。应按项目适用的税种、税目、规定的税率和计征办法计算有关税费。

在计算过程中,如果发现所适用的税种、税目和税率不易确定,可征询税务主管部门的意见确定,或者按照就高不就低的原则计算。除销售出口产品的项目外,项目的销售税金及附加一般不得减免,如国家有特殊规定的,按国家主管部门的有关规定执行。

(七) 增值税的估算

按照现行税法规定,增值税作为价外税不包括在销售税金及附加中。在经济项目评价中应遵循价外税的计税原则,在项目损益分析及财务现金流量分析的计算中均不应包含增值税的内容。因此,在评价中应注意如下问题。

①在项目财务效益分析中,产品销售税金及附加不包括增值税,产出物的价格不含有增值税中的销项税,投入物的价格中也不含有增值税中的进项税。

②城市维护建设税和教育费附加都是以增值税为计算基数的。因此,在财务效益分析中,还应单独计算项目的增值税额(销项税额减进项税额),以便计算销售税金及附加。

③增值税的税率、计征依据、计算方法和减免办法,均应按国家有关规定执行。产品出口退税比例,按照现行有关规定计算。

第三节 建筑工程项目国民经济评价

一、国民经济评价的范围和内容

(一) 国民经济评价的概念与作用

所谓国民经济评价,是从国民经济的整体利益出发,遵循费用与效益统一划分的原则,用影子价格、影子工资、影子汇率和社会折现率,计算分析项目给国民经济带来的净增量效益，以此来评价项目的经济合理性和宏观可行性，实现资源的最优利用和合理配置。国民经济评价和财务评价共同构成了完整的工程项目的经济评价体系。

工程项目的国民经济评价，是把工程项目放到整个国民经济体系中来研究考察，从国民经济的角度来分析、计算和比较国民经济为项目所要付出的全部成本和国民经济从项目中可能获得的全部效益，并据此评价项目的经济合理性，从而选择对国民经济最有利的方案。国民经济评价是针对工程项目所进行的宏观效益分析，其主要目的是实现国家资源的优化配置和有效利用，以保证国民经济能够可持续地稳定发展。

工程项目的经济评价由传统的财务评价发展到国民经济评价，是一大飞跃，其重要作用主要体现在以下三个方面。

1. 可以从宏观上优化配置国家的有限资源

对于一个国家来说，其用于发展的资源（如人才、资金、土地、自然资源等）总是有限的，资源的稀缺与社会需求的增长之间存在着较大的矛盾，只有通过优化资源配置，使资源得到最佳利用，才能有效地促进国民经济的发展。而仅仅通过财务评价，是无法正确反映资源是否得到了有效利用的，只有通过国民经济评价，才能从宏观上引导国家有限的资源进行合理配置，鼓励和促进那些对国民经济有正面影响的项目的发展，而相应抑制和淘汰那些对国民经济有负面影响的项目。

2. 可以真实反映工程项目对国民经济的净贡献

在很多国家，主要是发展中国家，由于产业结构不合理、市场体系不健全以及过度保护民族工业等原因，导致国内的价格体系产生较严重的扭曲和失真，不少商品的价格既不能反映价值，也不能反映供求关系。在此情形下，按现行价格计算工程项目的投入与产出，是无法正确反映出项目对国民经济的影响的。只有通过国民经济评价，运用能反映商品真实价值的影子价格来计算项目的费用与效益，才能真实反映工程项目对国民经济的净贡献，从而判断项目的建设对国民经济总目标的实现是否有利。

3. 可以使投资决策科学化

通过国民经济评价，合理运用经济净现值、经济内部收益率等指标以及影子汇率、影子价格、社会折现率等参数，可以有效地引导投资方向，控制投资规模，提高计划质量。对于国家决策部门和经济计划部门来说，必须高度重视国民经济评价的结论，把工程项目的国民经济评价作为主要的决策手段，使投资决策科学化。

（二）国民经济评价与财务评价的关系

对工程项目进行财务评价和国民经济评价所得到的结论，是项目决策的主要依据。企业的财务评价注重的是项目的盈利能力和财务生存能力，而国民经济评价注重的则是国家经济资源的合理配置以及项目对整个国民经济的影响。财务评价是国民经济评价的基础，国民经济评价则是财务评价的深化。二者相辅相成，互为参考和补充，既有联系，又有区别。

1. 财务评价和国民经济评价的共同点

①评价目的相同。二者都以寻求经济效益最好的项目为目的，都追求以最小的投入获得最大的产出。

②评价基础相同。二者都是项目可行性研究的组成部分，都要在完成项目的市场预测、方案构思、投资金额估算和资金筹措的基础上进行，评价的结论也都取决于项目本身的客观条件。

③基本分析方法以及评价指标相类似。二者都采用现金流量法通过基本报表来计算净现值、内部收益率等经济指标，经济指标的含义也基本相同。二者也都是从项目的成本与收益着手来评价项目的经济合理性以及项目建设的可行性。

2. 财务评价与国民经济评价的区别

（1）评价的角度和立场不同

财务评价是站在企业的立场，从项目的微观角度按照现行的财税制度去分析项目的盈利能力和贷款偿还能力，以判断项目是否具有财务上的生存能力；而国民经济评价则是站在国家整体的立场上，从国民经济综合平衡的宏观角度去分析项目对国民经济发展、国家资源配置等方面的影响，以考察投资行为的经济合理性。

（2）跟踪的对象不同

财务评价跟踪的是与项目直接相关的货币流动，由项目之外流入项目之内的货币为财务收益，而由项目之内流出项目之外的则为财务费用；国民经济评价跟踪的则是围绕项目发生的资源流动，减少社会资源的项目投入为国民经济费用，而增加社会资源的项目产出则为国民经济收益。

（3）费用和效益的划分范围不同

财务评价根据项目的实际收支来计算项目的效益与费用，凡是项目的收入均计为效益，凡是项目的支出均计为费用，如工资、税金、利息都作为项目的费用，财政补贴则作为项目的效益；而国民经济评价则根据项目实际耗费的有用资源以及项目向社会贡献的有用产品或服务来计算项目的效益与费用。在财务评价中作为费用或效益的税金、国内借款利息、财政补贴等，在国民经济评价中被视为国民经济内部转移支付,不作为项目的费用或效益。而在财务评价中不计为费用或效益的环境污染、降低劳动强度等,在国民经济评价中则需计为费用或效益。

(4) 使用的价格体系不同

在分析项目的费用与效益时,财务评价使用的是以现行市场价格体系为基础的预测价格;而考虑到国内市场价格体系的失真,国民经济评价使用的是对现行市场价格进行调整所得到的影子价格体系,影子价格能够更确切地反映资源的真实经济价值。

(5) 采用的主要参数不同

财务评价采用的汇率是官方汇率,折现率是因行业而各异的行业基准收益率;而国民经济评价采用的汇率是影子汇率,折现率是国家统一测定的社会折现率。

(6) 评价的组成内容不同

财务评价包括盈利能力分析、清偿能力分析和外汇平衡分析三个方面的内容,而国民经济评价只包括盈利能力分析和外汇效果分析两方面的内容。任何一项重大工程项目的建设,都要进行财务评价和国民经济评价。由于投资主体的立场和利益不完全一致,故决策必须同时考虑项目财务上的盈利能力以及项目对国民经济的影响。当财务评价与国民经济评价的结论不一致时,我国一般以国民经济评价的结论为主来进行投资决策,国民经济评价起着主导和决定性的作用。具体而言,对一个工程项目,其取舍标准如下。

①财务评价和国民经济评价的结论均认为可行,应予通过。

②财务评价和国民经济评价的结论均认为不可行,应予否定。

③财务评价的结论认为可行,而国民经济评价的结论认为不可行,一般应予否定。

④对某些国计民生急需的项目,若财务评价的结论认为不可行,而国民经济评价的结论认为可行,应重新考虑方案,必要时可向国家提出采取经济优惠措施(如财政补贴、减免税等)的建议,使项目具有财务上的生存能力。

(三) 国民经济评价的内容与步骤

国民经济评价包括国民经济盈利能力分析以及对难以量化的外部效果和无形效果的定性分析,对于外资项目还要求进行外汇效果分析。国民经济评价既可以在财务评价的基础上进行,也可以直接进行。

1. 国民经济评价的内容

具体而言,国民经济评价的内容主要包括以下三个方面。

（1）国民经济费用与效益的识别与处理

国民经济评价中的费用与效益和财务评价中的相比，其划分范围是不同的。国民经济评价以工程项目耗费国家资源的多少和项目给国民经济带来的收益来界定项目的费用与效益，只要是项目在客观上引起的费用与效益，包括间接产生的费用与效益，无论最终是由谁来支付和获取的，都要视为该项目的费用与效益，而不仅仅是考察项目账面上直接显现的收支。因此，在国民经济评价中，需要对这些直接或间接的费用与效益一一加以识别、归类和定量处理（或定性处理）。

（2）影子价格的确定和基础数据的调整

在绝大多数发展中国家，现行价格体系一般都存在着较严重的扭曲和失真现象，使用现行市场价格是无法进行国民经济评价的。只有采用通过对现行市场价格进行调整计算而获得的，能够反映资源真实经济价值和市场供求关系的影子价格，才能保证国民经济评价的科学性，这是因为与项目有关的各项基础数据都必须以影子价格为基础进行调整，才能正确地计算出项目的各项国民经济费用与效益。

（3）国民经济效果分析

根据所确定的各项国民经济费用与效益，结合社会折现率等相关经济参数，计算工程项目的国民经济评价指标，编制国民经济评价报表，最终对工程项目是否具有经济合理性得出结论。

2. 国民经济评价的步骤

对于一般工程项目，国民经济评价是在财务评价的基础上进行的，其主要步骤如下。

①效益和费用范围的调整。该步骤主要是剔除已计入财务效益和财务费用中的国民经济内部转移支付，并识别项目的间接效益和间接费用，尽量对其进行定量计算，不能定量计算的，则应作定性说明。

②效益和费用数值的调整。该步骤主要是对固定资产投资、流动资金、经营费用、销售收入和外汇借款等各项数据进行调整。

③分析项目的国民经济盈利能力。该步骤主要是编制国民经济效益和费用流量表（全部投资），并据此计算全部投资的经济内部收益率和经济净现值等指标；对于使用国外贷款的项目，还应编制国民经济收益费用表（国内投资），并据此计算国内投资的经济内部收益率和经济净现值等指标。

④分析项目的外汇效果。对于产出物出口或替代进口的工程项目，应编制经济外汇流量表和国内资源流量表，并据此计算经济外汇净现值、经济换汇成本或经济节汇成本等指标。

某些工程项目，例如社会公益项目，也可以直接进行国民经济评价。其主要步骤如下。

A. 识别和估算项目的直接效益。对于为国民经济提供产出物的项目，应先根据产出物的性质确定是否为外贸货物，再确定产出物的影子价格，最后按产出物的种类、数量及其逐年增减情况和产出物的影子价格估算项目的直接效益。对于为国民经济提供服务的项目，则应按提供服务的数量和用户的受益程度来估算项目的直接效益。

B. 用货物的影子价格、土地的影子费用、影子工资、影子汇率和社会折现率等参数直接估算项目的投资。

C. 估算流动资金。

D. 依据生产经营的实际耗费，采用货物的影子价格以及影子工资、影子汇率等参数来估算经营费用。

E. 识别项目的间接效益和间接费用，尽量对其进行定量计算，不能定量计算的，则应作定性说明。

F. 编制有关报表，计算相应的评价指标。

二、国民经济评价中费用与效益的分析

（一）费用和效益的概念和识别原则

费用效益法是发达国家广泛采用的用于对工程项目进行国民经济评价的方法，也是联合国向发展中国家推荐的评价方法。所谓费用效益分析是指从国家和社会的宏观利益出发，通过对工程项目的经济费用和经济效益进行系统、全面地识别和分析，求得项目的经济净收益，并以此来评价工程项目可行性的一种方法。

费用效益分析的核心是通过比较各种备选方案的全部预期效益和全部预计费用的现值来评价这些备选方案，并以此作为决策的参考依据。项目的效益是对项目的正贡献，而费用则是对项目的反贡献，或者说是对项目的损失。但必须指出的是，工程项目的效益和费用是两个相对的概念，都是针对特定的目标而言的。例如，由于某生产化纤原料的大型工程项目投产，使得该化纤原料的价格下降，从而导致同行业利润的下降，对于该行业来说，这是费用；但这也会使得服装生产商的成本下降，对于服装生产行业来说则是效益。因此，无论是什么样的项目，在分析、评价的过程中，都有一个费用效益识别的问题。

在项目的财务评价中，由于项目可视为一个相对独立的封闭系统，货币在这一系统的流入和流出容易识别，并且大都可以从相应的会计核算科目中找到答案。因此在财务评价中，费用和效益识别的重要性未能充分表现出来。在项

目的国民经济评价中,费用和效益的划分与财务评价相比已有了质的变化,通常识别起来是比较困难的。比如烟草工业,一方面给政府提供了巨额税收,增加了大量的就业岗位,有时甚至成为一个地区的支柱产业;另一方面,烟草对消费者的健康构成了很大的损害,极大地增加了国家和消费者个人的医疗负担。显然对国民经济整体而言,烟草工业究竟是费用还是效益仅仅从项目的财务收支上进行判别是无法找到答案的。

正确地识别费用与效益,是保证国民经济评价正确的前提。费用与效益的识别原则为:凡是工程项目使国民经济发生的实际资源消耗,或者国民经济为工程项目付出的代价,即为费用;凡是工程项目对国民经济发生的实际资源产出与节约,或者对国民经济作出的贡献即为效益。举例来说,某大型水利工程项目导致的航运减少、航运、航道工人失业、直接的基建开支、移民开支、电费降价引起的国家收入减少等,这些都是费用;而由该工程所导致的水力发电净收益增加,洪水灾害的减轻,农业增产,国家灌溉费的增加,电力用户支出的减少,国家救济费用的节省等,则都是效益。在考察工程项目的费用与效益时,必须遵循费用与效益的识别原则。

效益与费用是指工程项目对国民经济所做的贡献与反贡献。我们往往将项目对国民经济产生的影响称为效果。这种效果又可以分为直接效果和外部效果。

(二)直接效果

直接效果是工程项目直接效益和直接费用的统称。

1. 直接效益

工程项目的直接效益是由项目自身产出,由其产出物提供,并应用影子价格计算出来的产出物的经济价值,是项目自身直接增加销售量和劳动量所获得的效益。

工程项目直接效益的确定可分为以下两种情况。

①在项目的产出物用于增加国内市场供应量的情况下,项目的效益即为其所满足的国内需求,可由消费者的支付意愿来确定。

②在国内市场总供应量不变的情况下,当项目产出物增加了出口量时,项目的效益即为其出口所获得的外汇;当项目产出物可替代进口时,为国家减少了总进口量,项目的效益即为其替代进口所节约的外汇;当项目产出物顶替了原有项目的生产,致使原有项目减停产时,项目的效益即为由原有项目减停产而向社会释放出来的资源,其价值也就等于这些资源的支付意愿。

2. 直接费用

工程项目的直接费用是国家为项目的建设和生产经营而投入的各种资源

（固定资产投资、流动资金以及经常性投入等）用影子价格计算出来的经济价值。

工程项目直接费用的确定也可分为两种情况。

①在项目所需投入物来自国内供应总量增加（即依靠增加国内生产来满足该项目的需求）的情况下，项目的费用即为增加国内生产所耗用的资源价值。

②在国内市场总供应量不变的情况下，当项目的投入物依靠从国际市场进口来满足需求时，项目的费用即为进口投入物所花费的外汇；当项目的投入物为本可出口的资源（即依靠减少出口来满足该项目的需求）时，项目的费用即为因减少出口量而减少的外汇收入；当项目的投入物为本应用于其他项目的资源（即依靠减少对其他项目的投入来满足该项目的需求）时，项目的费用即为其他项目因减少投入量而减少的效益，也就是其他项目对该投入物的支付意愿。

（三）外部效果

外部效果是工程项目间接效益和间接费用的统称，是由于项目实施所导致的在项目之外未计入项目效益与费用的效果。

①间接效益，又称外部效益，是指项目对国民经济作出了贡献，而项目自身并未得益的那部分效益。比如果农栽种果树，客观上使养蜂者得益，这部分效益即为果农生产的间接效益。

②间接费用，又称外部费用，是指国民经济为项目付出了代价，而项目自身却不必实际支付的那部分费用。比如一个耗能巨大的工业项目投产，有可能导致当地其他项目的用电紧张，其他项目因此而减少的效益即为该项目的间接费用。

显然，在对工程项目进行国民经济评价时，必须计算外部效果。计算外部效果时，必须同时满足两个条件：相关性条件和不计价条件。所谓相关性条件，是指工程项目的经济活动会影响到与本项目没有直接关系的其他生产者和消费者的生产水平或消费质量。所谓不计价条件，是指这种效果不计价或无须补偿。比如烟草公司生产的香烟，使得烟民的健康受到损害，这是一种间接费用；如果烟草公司给烟民以相应的赔偿，那就不再是间接费用了。

外部效果的计算，通常是比较困难的。为了减少计算上的困难，可以适当地扩大计算范围和调整价格，使许多外部效果内部化，扩大项目的范围，将一些相互关联的项目合并在一起作为一个联合体进行评价，从而使一些间接费用和间接效益转化为直接费用和直接效益。在用影子价格计算项目的效益和费用时，已在一定程度上使项目的外部效果在项目内部得到了体现。必须注意的是，在国民经济评价中，既要充分考虑项目的外部效果，也要防止外部效果扩大化。

经过上述处理后，可能还有一些外部效果须要单独考虑和计算。这些外部效果主要包括以下几个方面。

1. 环境影响

工程项目对自然环境和生态环境造成的污染和破坏，比如工业企业排放的"三废"对环境产生的污染，是项目的间接费用。这种间接费用要定量计算比较困难，一般可按同类企业所造成的损失或者按恢复环境质量所需的费用来近似估算，若难以定量计算则应作定性说明。此外，某些工程项目，比如环境治理项目，对环境产生的影响是正面的，在国民经济评价中也应估算其相应的间接效益。

2. 价格影响

若项目的产出物大量出口，导致国内同类产品的出口价格下跌，则由此造成的外汇收益的减少，应计为该项目的间接费用。若项目的产出物只是增加了国内市场的供应量，导致产品的市场价格下跌，可使产品的消费者获得降价的好处，但这种好处只是将原生产商减少的收益转移给了产品的消费者而已，对于整个国民经济而言，效益并未改变，因此消费者得到的收益并不能计为该项目的间接收益。

3. 相邻效果

相邻效果是指由于项目的实施而给上游企业（为该项目提供原材料和半成品的企业）和下游企业（使用该项目的产出物作为原材料和半成品的企业）带来的辐射效果。项目的实施会使上游企业得到发展，增加新的生产能力或使其原有生产能力得到更充分的利用，也会使下游企业的生产成本下降或使其闲置的生产能力得到充分的利用。实践经验证明，对相邻效果不应估计过大，因为大多数情况下，项目对上、下游企业的相邻效果可以在项目投入物和产出物的影子价格中得到体现。只有在某些特殊情况下，间接影响难于在影子价格中反映时，才需要作为项目的外部效果计算。

4. 技术扩散效果

建设一个具有先进技术的项目，由于人才流动、技术推广和扩散等原因，使得整个社会都将受益。但这类间接效益通常难以识别和定量计算，因此在国民经济评价中一般只作定性说明。

5. 乘数效果

乘数效果是指由于项目的实施而使与该项目相关的产业部门的闲置资源得到有效利用，进而产生一系列的连锁反应，带动某一行业、地区或全国的经济发展所带来的外部净效益。例如，当国内钢材生产能力过剩时，国家投资修建铁路干线，需要大量钢材，就会使原来闲置的生产能力得到启用，使钢铁厂的成本下降，效益提高。同时由于钢铁厂的生产扩大，连带使得炼铁、炼焦以及采矿等部门原来剩余的生产能力得以利用，效益增加，由此产生一系列的连锁反应。在进行扶贫工作时，就可以优先选择乘数效果大的项目。一般情况下，乘数效果不能连续扩展计算，只需计算一次相关效果即可。

(四) 转移支付

在工程项目费用与效益的识别过程中，经常会遇到国内借款利息、税金、折旧以及财政补贴等问题的处理。这些都是财务评价中的实际收支，但从国民经济整体的角度来看，这些收支并不影响社会最终产品的增减，都未造成资源的实际耗用和增加，而仅仅是资源的使用权在不同的社会实体之间的一种转移。这种并不伴随着资源增减的纯粹货币性质的转移，即为转移支付。因此，在国民经济评价中，转移支付不能计为项目的费用或效益。

在工程项目的国民经济评价中，对转移支付的识别和处理是关键内容之一。常见的转移支付有税金、利息、补贴和折旧等。

1. 税金

在财务评价中，税金显然是工程项目的一种费用。但从国民经济整体来看，税金作为国家财政收入的主要来源，是国家进行国民收入二次分配的重要手段，交税只不过表明税金代表的那部分资源的使用权从纳税人那里转移到了国家手里。也就是说，税金只是一种转移支付，不能计为国民经济评价中的费用或效益。

2. 利息

利息是利润的一种转化形式，是客户与银行之间的一种资金转移，从国民经济的整体来看，并不会导致资源的增减，因此也不能计为国民经济评价中的费用或效益。

3. 补贴

补贴是一种货币流动方向与税收相反的转移支付，包括价格补贴、出口补贴等。补贴虽然使工程项目的财务收益增加，但同时也使国家财政收入减少，实质上仍然是国民经济中不同实体之间的货币转移，整个国民经济并没有因此发生变化。因此，国家给予的各种形式的补贴，都不能计为国民经济评价中的费用或效益。

4. 折旧

折旧是会计意义上的生产费用要素，是从收益中提取的部分资金，与实际资源的耗用无关。因为在经济分析时已将固定资产投资所耗用的资源视为项目的投资费用，而折旧无非是投资形成的固定资产在再生产过程中价值转移的一种方式而已。故此不能将折旧计为国民经济评价中的费用或效益，否则就是重复计算。

三、国民经济评价参数

（一）影子价格

在大多数发展中国家，都或多或少地存在着产品市场价格的扭曲或失真现象。而在计算工程项目的费用和效益时，都需要使用各类产品的价格，若价格失真，则必将影响到项目经济评价的可靠性和科学性，导致决策失误。因此，为了真实反应项目的费用和效益，有必要在项目经济评价中对某些投入物和产出物的市场价格进行调整，采用一种更为合理的计算价格，即影子价格。

所谓影子价格，是指当社会经济处于某种最优状态时，能够反映社会劳动的消耗、资源稀缺程度和最终产品需求状况的价格。可见，影子价格是一种理论上的虚拟价格，是为了实现一定的社会经济发展目标而人为确定的、更为合理（相对于实际交换价格）的价格。此处所说的"合理"，从定价原则来看，应该能更好地反映产品的价值，反映市场供求状况，反映资源的稀缺程度；从价格产出的效果来看，应该能够使资源配置向优化的方向发展。

一般而言，项目投入物的影子价格即为其机会成本，所谓机会成本，是指当一种资源用在某个特定领域，从而失去的在其他领域可以获得的最大收益。而项目产出物的影子价格则为其支付意愿，所谓支付意愿，是指消费者对购买某一产品所愿意支付的最高价格。影子价格不是产品的实际交换价格，而是作为优化配置社会资源，衡量产品社会价值的价格尺度，它在工程项目的国民经济评价中用来代替市场价格进行费用与效益的计算，从而消除在市场不完善的条件下由于市场价格失真可能导致的评价结论失实。

（二）影子汇率

一般发展中国家都存在着外汇短缺的问题，政府在不同程度上实行外汇管制和外贸管制，外汇不允许自由兑换，在此情形下，官方汇率往往不能真实地反映外汇的价值。因此，在工程项目的国民经济评价中，为了消除用官方汇率度量外汇价值所导致的误差，有必要采用一种更合理的汇率，也就是影子汇率，来使外贸品和非外贸品之间建立一种合理的价格转换关系，使二者具有统一的度量标准。

影子汇率，即外汇的影子价格，是指项目在国民经济评价中，将外汇换算为本国货币的系数。它不同于官方汇率或国家外汇牌价，能够正确反映外汇对于国家的真实价值。影子汇率实际上也就是外汇的机会成本，即项目投入或产出所导致的外汇减少或增加给国民经济带来的损失或收益。

影子汇率是一个重要的国家经济参数，它体现了从国民经济角度对外汇价值的估量，在工程项目的国民经济评价中除了用于外汇与本国货币之间的换算外，还是经济换汇和经济节汇成本的判据。国家可以利用影子汇率作为经济杠杆来影响项目方案的选择和项目的取舍。比如某项目的投入物可以使用进口设备，也可以使用国产设备，当影子汇率较高时，就有利于后一种方案；再比如对于主要产出物为外贸货物的工程项目，当影子汇率较高时，将有利于项目获得批准实施。

影子汇率换算系数是国家相关部门根据国家现阶段的外汇供求情况、进出口结构、换汇成本等综合因素统一测算和发布的，目前影子汇率换算系数取值为 1.08。

（三）影子工资

在大多数国家中，由于社会的、经济的或传统的原因，劳动者的货币工资常常偏离竞争性劳动市场所决定的工资水平，因此不能真实地反映单位劳动的边际产品价值，因而产生了劳动市场供求失衡问题。在此情形下，对工程项目进行国民经济评价，就不能简单地把项目中的货币工资支付直接视为该项目的劳动成本，而要通过"影子工资"对此劳动成本进行必要的调整。

影子工资，即劳动力的影子价格，是指由于工程项目使用劳动力而使国民经济所付出的真实代价，由劳动力的机会成本和劳动力转移而引起的新增资源耗费两部分组成。劳动力机会成本是指劳动力如果不就业于该项目而从事于其他生产经营活动所创造的最大效益，也就是因劳动力为该项目工作而使别处被迫放弃的原有净收益。它与劳动力的技术熟练程度和供求状况有关，技术越熟练，社会需求程度越高，其机会成本越高，反之越低。劳动力的机会成本是影子工资的主要组成部分。新增资源耗费是指项目使用劳动力后，由于劳动者就业或迁移而增加的交通运输费用、城市管理费用、培训费用等，这些资源的耗用并未提高劳动者的收入水平。

在国民经济评价中，影子工资作为费用计入经营成本。影子工资的计算可采用转换系数法，即将财务评价时所用的工资与福利费之和（合称名义工资）乘以影子工资换算系数求得，其计算公式为：

影子工资 =（财务工资 + 福利费）× 影子工资转换系数

影子工资转换系数作为国民经济评价参数，是由国家相关部门根据国家劳动力的状况、结构以及就业水平等综合因素统一测定和发布的。一般工程项目的影子工资换算系数为 1，即影子工资的数值等于财务评价中的名义工资，在建设期内使用大量民工的项目，如水利、公路项目，其民工的影子工资换算系数为 0.5。在项目评价中，评价人员可根据项目所在地区劳动力的充裕程度以及所用劳动力的技术熟练程度,适当提高或降低影子工资转换系数。比如,对于在就业压力很大的地区、占用大量非熟练劳动力的工程项目,影子工资转换系数可小于1;对于占用大量短缺的专业技术人员的工程项目,影子工资转换系数可大于1;对于中外合资合营的工程项目,由于其中方工作人员的技术熟练程度一般较高,国家和社会为此付出的代价较大,因此中方工作人员的影子工资转换系数通常都大于1。

(四) 社会折现率

在国民经济评价中所追求的目标是国民经济收益的最大化,而所有的工程项目都将是这一目标的承担者。在采用了影子价格、影子汇率、影子工资等合理参数后,国民经济中所有的工程项目均将在同等的经济条件下使用各种社会资源为社会创造效益,这就需要规定适用于各行业所有工程项目都应达到的最低收益水平,也就是社会折现率。

社会折现率,也称影子利率,是从国民经济角度考察工程项目投资所应达到的最低收益水平,实际上也是资金的机会成本和影子价格。社会折现率是项目经济可行性研究和方案比较的主要判据,在项目经济评价中,主要作为计算经济净现值的折现率,同时也是用来衡量经济内部收益率的基准值。社会折现率作为资金的影子价格,代表着资金占用在一定时间内应达到的最低增值率,体现了社会对资金时间价值的期望和对资金盈利能力的估算。

社会折现率作为国民经济评价中的一项重要参数,是国家评价和调控投资活动的重要经济杠杆之一。国家可以选用适当的社会折现率来进行项目的国民经济评价,从而促进资源的优化配置,引导投资方向,调控投资规模。比如,国家在需要经济软着陆时,可以适当调高社会折现率,使得本来可获得通过的某些投资项目难以达到这一折现率标准,从而达到间接调控投资规模的目的。

社会折现率需要根据国家社会经济发展目标、发展战略、发展优先顺序、发展水平、宏观调控意图、社会成员的费用效益时间偏好、社会投资收益水平、资金供应状况、资金机会成本等因素进行综合分析,由国家相关部门统一测定和发布。

(五) 贸易费用率

在工程项目的国民经济评价中,贸易费用是指花费在货物流通过程各环节中以影子价格计算的综合费用(长途运输费用除外),也就是项目投入物或产出物在流通过程中所支付的除长途运输费用以外的短途运输费、装卸费、检验费、保险费等费用。贸易费用率则是反映这部分费用相对于货物影子价格的一个综合比率,是国民经济评价中的一个经济参数,是由国家相关部门根据物资流通效率、生产资料价格总水平以及汇率等综合因素统一测定和发布的。

目前，贸易费用率取值一般为6%，对于少数价格高、体积与重量较小的货物，可适当降低贸易费用率。

在工程项目的国民经济评价中，可使用下列公式来计算货物的贸易费用。

进口货物的贸易费用＝到岸价×影子汇率×贸易费用率

出口货物的贸易费用＝（离岸价×影子汇率－国内长途运费）×贸易费用率／（1＋贸易费用率）

非外贸货物的贸易费用＝出厂影子价格×贸易费用率

对于不经过流通部门而由生产厂家直供的货物，则不计算贸易费用。

第三章 建筑工程项目施工成本管理

第一节 建筑工程项目施工成本管理概述

一、施工成本的基本概念

成本是一种耗费，是耗费劳动的货币表现形式。工程项目是拟建或在建的建筑产品，属于生产成本，是生产过程所消耗的生产资料、劳动报酬和组织生产管理费用的总和，包括消耗的主辅材料、结构件、周转材料的摊销费或租赁费，施工机械使用费或租赁费，支付给生产工人的工资和奖金，以及现场进行施工组织与管理所发生的全部费用支出。工程项目成本是产品的主要成分，降低成本以增加利润是项目管理的主要目标之一。成本管理是项目管理的核心。

施工项目成本是指建筑企业以施工项目为成本核算对象的施工过程中所耗费的全部生产费用的总和。包括主材料、辅材料、结构件、周转材料的费用，生产工人的工资，机械使用费，组织施工管理所发生的费用等。施工项目成本是建筑企业的产品成本，也称为工程成本。

①以确定的某一项目为成本核算对象。

②施工项目施工发生的耗费，称为现场项目成本，不包括企业的其他环节发生的成本费用。

③核算的内容包括主材料、辅材料、结构件、周转材料的费用，生产工人的工资，机械使用费，其他直接费用，组织施工管理所发生的费用等。

二、施工成本的分类

(一) 按成本发生的时间来划分

1. 预算成本

预算成本指按照建筑安装工程的实物量和国家或地区制定的预算定额单价及取费标准计算的社会平均成本，是以施工图预算为基础进行分析、归集、计算确定的，是确定工程成本的基础，也是编制计划成本、评价实际成本的依据。施工图预算反映的是社会平均成本水平，其计算公式如下：

施工图预算＝工程预算成本＋计划利润

施工图预算确定了建筑产品的价格，成本管理是在施工图预算范围内做文章。

2. 计划成本

计划成本指项目经理部在一定时期内，为完成一定建筑安装施工任务计划支出的各项生产费用的总和。它是成本管理的目标，也是控制项目成本的标准。是在预算成本的基础上，根据上级下达的降低工程成本指标，结合施工生产的实际情况和技术组织措施而确定的企业标准成本。

3. 实际成本

实际成本指为完成一定数量的建筑安装任务，实际所消耗的各类生产费用的总和。

计划成本和实际成本都是反映施工企业成本水平的，它受企业本身的生产技术、施工条件及生产经营管理水平所制约。两者比较，可提示成本的节约和超支，考核企业施工技术水平及技术组织措施的执行情况和企业的经营成果。实际成本与预算成本比较，可以反映工程盈亏情况，了解成本节约情况。预算成本可以理解为外部的成本水平，是反映企业竞争水平的成本。

①实际成本比预算成本低，利润空间大。

②实际成本等于预算成本，只有计划利润空间，没有利润空间。

③实际成本高于预算成本＋计划利润，施工项目出现亏损。

（二）按生产费用与工程量关系来划分

1. 固定成本

固定成本指在一定期间和一定的工程量范围内，发生的成本不受工程量增减变动的影响而相对固定的成本。如折旧费、大修理费、管理人员工资。

2. 变动成本

变动成本指发生总额随着工程量的增减变动而成正比例变动的费用。如直接用于工程的材料费。

（三）按生产费用计入成本的方式来划分

1. 直接成本

直接成本指直接耗用并直接计入工程对象的费用。

直接成本是施工过程中耗费的构成工程实体和有助于工程形成的各项费用支出，包括人工费、材料费、机具使用费等，直接费用发生时，能确定其用于哪些工程，可以直接计入该工程成本。

2. 间接成本

间接成本指企业的各项目经理部为施工准备、组织和管理施工生产所发生的全部施工间接费用的支出。包括现场管理人员的人工费、资产使用费、工具（用具）使用费、保险费、检验试验费、工程保修费、工程排污费以及其他费用等。

三、施工成本管理的特点和原则

（一）施工成本管理的特点

1. 成本中心

从管理层次上讲，企业是决策中心和利润中心，施工项目是企业的生产场地，大部分的成本耗费在此发生。实际中，建筑产品的价格在合同内确定后，企业扣除产品价格中的经营性利润部分和企业应收取的费用部分，将其余部分以预算成本的形式，把成本管理的责任下达到施工项目，要求施工项目经过科学、合理、经济的管理，降低实际成本，取得相应措施。

例如，1000万元的合同，扣除300万元计划利润和规费，把剩下来的700万元任务下达到项目经理部。

2. 事先控制

事先控制具有一次性的特点，只许成功不许失败，一般在项目管理的起点就要对成本进行预测，制订计划，明确目标，然后以目标为出发点，采取各种技术、经济、管理措施实现目标。即所谓"先算后干，边干边算，干完再算"。

3. 全员参与

施工项目成本管理的过程要求与项目的工期管理、质量管理、技术管理、分包管理、预算管理、资金管理、安全管理紧密结合起来，组成施工项目成本管理的完整网络。施工项目中的每一项管理工作、每一个内容都需要管理人员完成，成本管理不仅仅是财务部门的事情，可以说人人参与了施工项目的成本管理，他们的工作与项目的成本直接或间接，或多或少的有关联。

4. 全程监控

对事先设定的成本目标及相应措施的实施过程自始至终进行监督、控制和调整、修正。如建材价格的上涨、工程设计的修改、因建设单位责任引起的工期延误、资金的到位等变化因素发生，及时调整预算、合同索赔、增减账管理等一系列有针对性的措施。

5. 内容仅局限于项目本身的费用

只是对施工项目的直接成本和间接成本的管理，根据具体情况，开展增减账的核算管理、合同索赔的核算管理等。

（二）施工成本管理的原则

1. 成本最低化原则

成本最低化原则是在一定的条件下分析影响各种降低成本的因素，制定可能实现的最低成本目标，通过有效的控制和管理，使实际执行结果达到最低目标成本的要求。

2. 全面成本管理原则

全面包括全企业、全员和全过程，简称"三全"。

其中，全企业指企业的领导者不但是企业成本的责任人，还是工程施工项目成本的责任人。领导者应该制定施工项目成本管理的方针和目标，组织施工项目成本管理体系的建立和维持其正常运转，创造使企业全体员工能充分参与项目成本管理、实现企业成本目标的内部环境。

3. 成本责任制原则

将项目成本层层分解，即分级、分工、分人。

企业责任是降低企业的管理费用和经营费用，项目经理部的责任是完成目标成本指标和成本降低率指标。项目经理部对目标成本指标和成本降低率指标进行二次目标分解，根据不同岗位、不同管理内容，确定每个岗位的成本目标和所承担的责任，把总目标层层分解，落实到每一个人，通过每个指标的完成保证总目标的实现，否则就会造成有人工作无人负责的局面。

4. 成本管理有效化原则

成本管理有效化原则即行政手段、经济手段和法律手段相结合。5. 成本科学化原则施工项目成本管理中，运用预测与决策方法、目标管理方法、量本利分析法等科学的、先进的技术和方法，实现成本科学化。

四、施工成本管理的任务

（一）施工成本预测

施工成本预测就是根据成本信息和施工项目的具体情况，运用一定的专门方法，对未来的成本水平及可能发展的趋势作出科学估计，它是在工程施工以前对成本进行的估算。通过成本预测，在满足项目业主和本企业要求的前提下，选择成本低、效益好的最佳成本方案，并能够在施工项目成本形成的过程中，针对薄弱环节，加强成本控制，克服盲目性，提高预见性。因此，施工成本预测是施工项目成本决策与计划的依据。施工成本预测，通常是对施工项目计划工期内影响成本变化的各个因素进行分析，比照近期已完工施工项目或将完工施工项目的成本（单位成本），预测这些因素对工程成本中有关项目（成本项目）的影响程度，预测出工程的单位成本或总成本。

（二）施工成本计划

施工成本计划是以货币形式编制施工项目在计划期内的生产费用、成本水平、成本降低率以及为降低成本所采取的主要措施和规划的书面方案，是建立施工项目成本管理责任制、开展成本控制和核算的基础。一般来说，一个施工成本计划应包括从开工到竣工所必需的施工成本，是施工项目降低成本的指导文件，是设立目标成本的依据。可以说，成本计划是目标成本的一种形式。

（三）施工成本控制

施工成本控制是在施工过程中，对影响项目施工成本的各种因素加强管理，采取各种有效措施，将施工中实际发生的各种消耗和支出严格控制在成本计划范围内，随时揭示并及时反馈，严格审查各项费用是否符合标准，计算实际成本和计划成本之间的差异并进行分析，采取多种形式，消除施工中的损失、浪费现象。施工成本控制应贯穿于施工项目从投标阶段开始直至项目竣工验收的全过程，是企业全面成本管理的重要环节。施工成本控制可分为事先控制、事中控制（过程控制）和事后控制。在项目的施工过程中，需按动态控制原理对实际施工成本的发生过程进行有效控制。

（四）施工成本核算

施工成本核算包括两个基本环节：一是按照规定的成本开支范围对施工费用进行归集和分配，计算出施工费用的实际发生额；二是根据成本核算对象，采用适当的方法，计算出该施工项目的总成本和单位成本。施工成本管理需要正确及时地核算施工过程中发生的各项费用，计算施工项目的实际成本。施工成本核算所提供的各种成本信息是成本预测、成本计划、成本控制、成本分析和成本考核等环节的依据。施工成本以单位工程为成本核算对象，也可按照承包工程项目的规模、工期、结构类型、施工组织和施工现场等情况，结合成本管理的要求，灵活划分成本核算对象。

（五）施工成本分析

施工成本分析是在施工成本核算的基础上，对成本的形成过程和影响成本升降的因素进行分析，以寻求进一步降低成本的途径，包括有利偏差的挖掘和不利偏差的纠正。

施工成本分析贯穿于施工成本管理的全过程，在成本的形成过程中，主要利用施工成本核算资料（成本信息），与目标成本、预算成本以及类似的施工项目的实际成本等进行比较，了解成本的变动情况，同时分析主要技术经济指标对成本的影响，系统地研究成本变动的因素，检查成本计划的合理性，并通过成本分析，深入揭示成本变动的规律，寻找降低施工项目成本的途径，有效地进行成本控制。对于成本偏差的控制，分析是关键，纠偏是核心，针对分析得出的偏差发生原因，采取切实措施，加以纠正。

（六）施工成本考核

施工成本考核是指在施工项目完成后，对施工项目成本形成中的各种责任，按施工项目成本目标责任制的有关规定，将成本的实际指标与计划、定额、预算进行对比和考核，评定施工项目成本计划的完成情况和各责任者的业绩，并给予相应的奖励和处罚。通过成本考核，做到有奖有惩，赏罚分明，有效地调动每一位员工在各自施工岗位上努力完成目标成本的积极性，为降低施工项目成本和增加企业的积累，作出自己的贡献。

施工成本管理的每一个环节都是相互联系和相互作用的。成本预测是成本决策的前提，成本计划是成本决策所确定目标的具体化。施工成本控制则是对成本计划的实施进行控制和监督，保证决策的成本目标的实现，而成本核算又是对成本计划是否实现的最后检验，它所提供的成本信息又对下一个施工项目成本预测和决策提供基础资料。成本考核是实现成本目标责任制的保证和实现决策目标的重要手段。

五、施工成本管理的措施

（一）组织措施

组织措施是从施工成本管理的组织方面采取的措施。施工成本控制是全员的活动，如实行项目经理责任制，落实施工成本管理的组织机构和人员，明确各级施工成本管理人员的任务和职能分工、权利和责任。施工成本管理不仅是专业成本管理人员的工作，而且各级项目管理人员都负有成本控制责任。

组织措施还要编制施工成本控制工作计划，确定合理详细的工作流程。要做好施工采购规划，通过生产要素的优化配置、合理使用、动态管理，有效控制实际成本；加强施工定额管理和施工任务单管理，控制活劳动和物化劳动的消耗；加强施工调度，避免因施工计划不周和盲目调度造成窝工损失、机械利用率降低、物料积压等使施工成本增加。成本控制工作只有建立在科学管理的基础之上，具备合理的管理体制、完善的规章制度、稳定的作业秩序、完整准确的信息传递，才能取得成效。组织措施是其他各类措施的前提和保障，一般不需要增加什么费用，运用得当，可以收到良好的效果。

（二）技术措施

技术措施不仅对解决施工成本管理过程中的技术问题是不可缺少的，而且对纠正施工成本管理目标偏差也有重要的作用。因此，运用技术纠偏措施的关键，一是能提出多个不同的技术方案，二是对不同的技术方案进行技术经济分析。

施工过程中，降低成本的技术措施，包括进行技术经济分析，确定最佳的施工方案；结合施工方法，进行材料使用的比选，在满足功能要求的前提下，通过代用、改变配合比、使用添加剂等方法降低材料消耗的费用；确定最合适的施工机械、设备使用方案；结合项目的施工组织设计及自然地理条件，降低材料的库存成本和运输成本；提倡先进的施工技术的应用、新材料的运用、新开发机械设备的使用等。在实践中，也要避免仅从技术角度选定方案而忽视对其经济效果的分析论证。

（三）经济措施

经济措施是最易被人们所接受和采用的措施。管理人员应编制资金使用计划，确定、分解施工成本管理目标。对施工成本管理目标进行风险分析，制定防范性对策。对各种支出，应认真做好资金的使用计划，并在施工中严格控制各项开支。及时准确地记录、收集、整理、核算实际发生的成本。对各种变更，及时做好增减账，及时落实业主签证，及时结算工程款。通过偏差分析和未完工工程预测，可发现一些潜在的问题，将引起未完工程施工成本增加，对这些问题，应以主动控制为出发点，及时采取预防措施。由此可见，经济措施的运用绝不仅仅是财务人员的事情。

（四）合同措施

采用合同措施控制施工成本，应贯穿整个合同周期，包括从合同谈判开始到合同终结的全过程。首先，选用合适的合同结构，对各种合同结构模式进行分析、比较，合同谈判时，正确选用适合于工程规模、性质和特点的合同结构模式。其次，合同的条款中应仔细考虑一切影响成本和效益的因素，特别是潜在的风险因素。最后，通过对引起成本变动的风险因素的识别和分析，采取必要的风险对策，如通过合理的方式，增加承担风险的个体数量，降低损失发生的比例，最终使这些策略反映在合同的具体条款中。合同执行期间，合同管理的措施是，既要密切注视对方对合同执行的情况，以寻求合同索赔的机会，同时要密切关注自己履行合同的情况，以防止被对方索赔。

第二节　建筑工程项目施工成本计划

一、施工成本计划的类型

（一）竞争性成本计划

竞争性成本计划，是工程项目投标及签订合同阶段的估算成本计划，是以招标文件中的合同条件、投标者须知、技术规程、设计图纸或工程量清单等为依据，以有关价格条件说明为基础，结合调研和现场考察获得的情况，根据本企业的工料消耗标准、水平、价格资料和费用指标，对本企业完成招标工程所需要支出的全部费用的估算。

(二) 指导性成本计划

指导性成本计划，即选派项目经理阶段的预算成本计划，是项目经理的责任成本目标；是以合同标书为依据，按照企业的预算定额标准制订的设计预算成本计划，一般情况下只确定责任总成本指标。

(三) 实施性成本计划

实施性成本计划，即项目施工准备阶段的施工预算成本计划，是以项目实施方案为依据，以落实项目经理的责任目标为出发点，采用企业的施工定额，通过施工预算的编制形成的实施性施工成本计划。

竞争性成本计划是投标及签订合同阶段的"估算成本计划"。以招标文件中的合同条件、投标者须知、技术规程、设计图纸、工程量清单为依据。指导性成本计划是选派项目经理阶段的"预算成本计划"，是项目经理的"责任成本目标"，是以合同为依据，按照企业的预算定额，制订的"设计预算成本计划"。实施性成本计划是施工准备阶段的"施工预算成本计划"，以项目实施方案为依据，采用企业的施工定额，通过施工预算的编制，形成的"实施性施工成本计划"。竞争性成本计划带有成本战略性质，是投标阶段商务标书的基础；指导性成本计划和实施性成本计划，是战略性成本计划的展开和深化。

二、施工成本计划编制的原则

(一) 从实际情况出发

编制成本计划必须根据国家方针政策，从企业的实际情况出发，充分挖掘企业内部潜力，使降低成本指标既积极可靠，又切实可行。施工项目管理部门降低成本的潜力在于正确合理地选择施工方案，合理组织施工，提高劳动生产率，改善材料供应，降低材料消耗，提高机械利用率，节约施工管理费用等。

(二) 与其他计划结合

编制成本计划，必须与施工项目的其他各项计划（如施工方案、生产进度、财务计划、材料供应及耗费计划等）密切结合，保持平衡。成本计划一方面根据施工项目的生产、技术组织措施、劳动工资和材料供应等计划编制，另一方面又影响着其他各种计划指标。每种计划指标都应考虑适应降低成本的要求，与成本计划密切配合，不能单纯考虑每种计划本身的需要。

(三) 统一领导、分级管理

编制成本计划，应实行统一领导、分级管理的原则，走群众路线的工作方法，应在项目经理的领导下，以财务和计划部门为中心，发动全体职工共同参与，总结降低成本的经验，找出降低成本的正确途径，使成本计划的制订和执行具有广泛的群众基础。

（四）弹性原则

编制成本计划，应留有充分余地，保持计划的一定弹性。在计划期间，项目经理部的内部或外部的技术经济状况和供产销条件，很可能发生在编制计划时未预料的变化，尤其是在材料供应和市场价格方面，给计划拟定带来了很大的困难。因此，在编制计划时，应充分考虑到这些情况，使计划保持一定的应变能力。

三、施工成本计划的编制依据

编制施工成本计划，需要广泛收集相关资料并进行整理，作为施工成本计划编制的依据。根据有关设计文件、工程承包合同、施工组织设计、施工成本预测资料等，按照施工项目应投入的生产要素，结合各种因素的变化和拟采取的各种措施，估算项目生产费用支出的总水平，提出施工项目的成本计划控制指标，确定目标总成本。目标总成本确定后，应将总目标分解落实到各个机构、班组、便于进行控制的子项目或工序。最后，通过综合平衡，编制完成施工成本计划。

施工成本计划的编制依据如下。

①投标报价文件。
②企业定额、施工预算。
③施工组织设计或施工方案。
④人工、材料、机械台班的市场价。
⑤企业颁布的材料指导价、企业内部机械台班价格、劳动力内部挂牌价格。
⑥周转设备内部租赁价格、摊销损耗标准。
⑦已签订的工程合同、分包合同。
⑧拟采取的降低施工成本的措施。
⑨其他相关材料等。

四、施工成本计划的编制方法

施工成本计划的编制以成本预测为基础，关键是确定目标成本。计划的制定需结合施工组织设计的编制过程，通过不断地优化施工技术方案和合理配置生产要素，进行工、料、机消耗的分析，制订一系列节约成本的挖潜措施，确定施工成本计划。施工成本计划总额应控制在目标成本的范围内，使成本计划建立在切实可行的基础上。施工总成本目标确定后，通过编制详细的实施性施工成本计划把目标成本层层分解，落实到施工过程的每个环节，有效地进行成本控制。

（一）按施工成本组成编制施工成本计划的方法

施工成本可以按成本组成分解为人工费、材料费、施工机具使用费、企业管理费，按施工成本组成编制施工成本计划。

施工成本中不含规费、利润、税金，因此，施工成本分解要素中也没有间接费一项。

（二）按项目组成编制施工成本计划的方法

大中型工程项目通常是由若干单项工程构成的，每个单项工程包括多个单位工程，每个单位工程又由若干个分部分项工程构成。因此，首先要把项目总施工成本分解到单项工程和单位工程中，再进一步分解为分部工程和分项工程。

完成施工项目成本目标分解之后，接下来就要具体地分配成本，编制分项工程的成本支出计划，从而得到详细的成本计划表。

编制成本支出计划时，要在项目方面考虑总预备费，要在主要分项工程中安排适当的不可预见费，避免在具体编制成本计划时，发现个别单位工程或工程量表中某项内容的工程量计算有较大出入，使原来的成本预算失实。并在项目实施过程中尽可能地采取一些措施。

（三）按工程进度编制施工成本计划的方法

编制按工程进度的施工成本计划，通常利用控制项目进度的网络图进一步扩充得到。在建立网络图时，一方面确定完成各项工作所需花费的时间，另一方面确定完成工作合适的施工成本支出计划。

实践中，工程项目分解为既能表示时间，又能表示施工成本支出计划的工作是不容易的。通常，如果项目分解程度对时间控制合适的话，则对施工成本支出计划可能分解过细，以致不可能对每项工作确定施工成本支出计划；反之，亦然。因此，编制网络计划时，应充分考虑进度控制对项目划分的要求，还要考虑确定施工成本支出计划对项目划分的要求，做到二者兼顾。通过对施工成本目标按时间进行分解，在网络计划的基础上，获得项目进度计划的横道图，在此基础上编制成本计划。其表示方式有两种：一种是在时标网络图上按月编制的成本计划，另一种是利用时间—成本累计曲线（S形曲线）表示。我们主要介绍时间—成本累计曲线。

时间—成本累计曲线的绘制步骤如下。

①确定工程项目进度计划，编制进度计划的横道图。

②根据单位时间内完成的实物工程量或投入的人力、物力和财力，计算单位

时间（月或句）的成本，在时标网络图上按时间编制成本支出计划，见表3—1。

表 3－1　　　　　　　　　　单位时间的投资

时间/月	1	2	3	4	5	6	7	8	9	10	11	12
投资/万元	100	200	300	500	600	800	800	700	600	400	300	200

③将各单位时间计划完成的投资额累计，得到计划累计完成的投资额，见表3—2。

表 3－2　　　　　　　　　　计划累计完成的投资

时间/月	1	2	3	4	5	6	7	8	9	10	11	12
投资/万元	100	200	300	500	600	800	800	700	600	400	300	200
计划累计投资/万元	100	300	600	1100	1700	2500	3300	4000	4600	5000	5300	5500

④按各规定时间的投资值，绘制S形曲线。

每条S形曲线都对应某一特定的工程进度计划。在进度计划的非关键线路中存在许多有时差的工序或工作，因而S形曲线（成本计划值曲线）必然包括在由全部工作都按最早开始时间开始和全部工作都按最迟必须开始时间开始的曲线所组成的"香蕉图"内。项目经理可根据编制的成本支出计划合理安排资金，同时项目经理根据筹措的资金调整S形曲线，即通过调整非关键线路上的工序项目的最早或最迟开工时间，力争将实际的成本支出控制在计划的范围内。

一般而言，所有工作都按最迟开始时间开始，对节约资金贷款利息是有利的，但同时也降低了项目按期竣工的保证率，因此，项目经理必须合理地确定成本支出计划，达到既节约成本支出，又能控制项目工期的目的。

第三节　施工成本控制与核算

一、施工成本控制

（一）施工成本控制的意义和目的

施工项目的成本控制，通常指在项目成本的形成过程中，对生产经营所消耗的人力资源、物质资源和费用开支进行指导、监督、调节和限制，及时纠正将要发生和已经发生的偏差，把各项生产费用控制在计划成本的范围之内，保证成本目标的实现。

施工项目的成本目标，有企业下达或内部承包合同规定的，也有项目自行制定的。成本目标只有一个成本降低率或降低额,即使加以分解,也是相对于明细的降本指标而言,且难以具体落实,以致目标管理流于形式,无法发挥控制成本的作用。因此,项目经理部必须以成本目标为依据,结合施工项目的具体情况,制订明细而具体的成本计划,使之成为"看得见、摸得着、能操作"的实施性文件。这种成本计划应该包括每一个分部分项工程的资源消耗水平,以及每一项技术组织措施的具体内容和节约数量金额,既可指导项目管理人员有效地进行成本控制,又可作为企业对项目成本检查考核的依据。

(二) 施工成本控制的原则

1. 开源与节流相结合的原则

降低项目成本需要一面增加收入,一面节约支出。因此,在成本控制中,也应该坚持开源与节流相结合的原则。做到每发生一笔金额较大的成本费用都要查一查有无与其相对应的预算收入,是否支大于收,在经常性的分部分项工程成本核算和月度成本核算中,要进行实际成本与预算收入的对比分析,从中探索成本节超的原因,纠正项目成本的不利偏差,提高项目成本的降低水平。

2. 全面控制原则

(1) 项目成本的全员控制

项目成本是一项综合性很强的指标,涉及企业内部各个部门、各个单位和全体职工的工作业绩。要想降低成本,提高企业的经济效益,必须充分调动企业广大职工"控制成本、关心降低成本"的积极性和参与成本管理的意识。做到上下结合,专业控制与群众控制相结合,人人参与成本控制活动,人人有成本控制指标,积极创造条件,逐步实行成本控制制度。这是实现全面成本控制的关键。

(2) 全过程成本控制

工程项目确定后,自施工准备开始,经过工程施工,到竣工交付使用后的保修期结束,整个过程都应实行成本控制。

(3) 全方位成本控制

成本控制不能单纯强调降低成本,必须兼顾各方面的利益,既要考虑国家利益,又要考虑集体利益和个人利益;既要考虑眼前利益,更要考虑长远利益。因此,成本控制中,决不能片面地为了降低成本而不顾工程质量,靠偷工减料、拼设备等手段,以牺牲企业的长远利益、整体利益和形象为代价,换取一时的成本降低。

3. 动态控制原则

施工项目是一次性的,成本控制应强调项目的过程控制,即动态控制。施工准备阶段的成本控制是根据施工组织设计的具体内容确定成本目标、编制成本计划、制订成本控制的方案，为今后的成本控制做准备；对于竣工阶段的成本控制，由于成本盈亏已基本成定局，即使发生了问题，也已来不及纠正。因此，施工过程阶段成本控制的好坏对项目经济效益的取得具有关键性作用。

4. 目标管理原则

目标管理是进行任何一项管理工作的基本方法和手段，成本控制应遵循这一原则，即目标设定、分解—目标的责任到位和成本执行结果—评价考核和修正目标，形成目标成本控制管理的计划、实施、检查、处理的循环。在实施目标管理的过程中，目标的设定应切合实际，落实到各部门甚至个人，目标的责任应全面，既要有工作责任，也要有成本责任。

5. 例外管理原则

例外管理是西方国家现代管理常用的方法，起源于决策科学中的"例外"原则，目前被更多地用于成本指标的日常控制。工程项目建设过程的诸多活动中，许多活动是例外的，如施工任务单和限额领料单的流转程序等，通常通过制度保证其顺利进行。但也有一些不经常出现的问题，我们称之为"例外"问题。这些"例外"问题，往往是关键性问题，对成本目标的顺利完成影响很大，因此必须予以高度重视。例如，成本管理中常见的成本盈亏异常现象，即盈余或亏损超过了正常的比例；本来是可以控制的成本，突然发生了失控现象；某些暂时的节约，有可能对今后的成本带来隐患（如由于平时机械维修费的节约，造成未来的停工修理和更大的经济损失）等，都应视为"例外"问题，因此要对其进行重点检查，深入分析，并采取相应措施加以纠正。

6. 责、权、利相结合的原则

要想使成本控制真正发挥及时有效的作用，必须严格按照经济责任制要求，贯彻责、权、利相结合的原则。

项目施工过程中，项目经理、工程技术人员、业务管理人员以及各单位和生产班组都负有成本控制的责任，从而形成整个项目的成本控制责任网络。另外，各部门、各单位、各班组肩负成本控制责任的同时，还应享有成本控制的权利，即在规定的权限范围内可以决定某项费用能否开支、如何开支和开支多少，以行使对项目成本的实质性控制。项目经理还要对各部门、各单位、各班组在成本控制中的业绩进行定期的检查和考评，并与工资分配紧密挂钩，有奖有罚。实践证明，只有责、权、利相结合的成本控制，才是名实相符的项目成本控制，才能收到预期效果。

（三）施工成本控制的依据

1. 工程承包合同

施工成本控制要以工程承包合同为依据，围绕降低工程成本这个目标，从预算收入和实际成本两方面，挖掘增收节支潜力，以求获得最大的经济效益。

2. 施工成本计划

施工成本计划根据施工项目的具体情况制订施工成本控制方案，既包括预定的具体成本控制目标，又包括实现控制目标的措施和规划，是施工成本控制的指导文件。

3. 进度报告

进度报告提供了每一时刻工程的实际完成量、工程施工成本实际支付情况等重要信息。施工成本控制工作通过把实际情况与施工成本计划相比较，找出两者之间的差别，分析偏差产生的原因，采取措施改进工作。此外，进度报告还有助于管理者及时发现工程实施中存在的问题，在事态还未造成重大损失之前采取有效措施，避免损失。

4. 工程变更

项目的实施过程中，由于各方面的原因，工程变更是很难避免的。

工程变更一般包括设计变更、进度计划变更、施工条件变更、技术规范与标准变更、施工次序变更、工程数量变更等。一旦出现变更，工程量、工期、成本都将发生变化，使得施工成本控制工作变得更加复杂和困难。因此，施工成本管理人员应当通过对变更要求中的各类数据的计算、分析，随时掌握变更情况，包括已发生的工程量、将要发生的工程量、工期是否拖延、支付情况等重要信息，判断变更及变更可能带来的索赔额度等。

除上述几种施工成本控制工作的主要依据以外，有关施工组织设计、分包合同等也都是施工成本控制的依据。

（四）施工成本控制的方法

施工阶段是控制建设工程项目成本发生的主要阶段，通过确定成本目标并按计划成本进行施工、资源配置，对施工现场发生的各种成本费用进行有效控制。具体控制方法如下。

1. 施工成本的过程控制方法

（1）施工前期的成本控制

首先抓源头，随着市场经济的发展，施工企业处于"找米下锅"的紧张状态，忙于找信息，忙于搞投标，忙于找关系。为了中标，施工企业把标价越压越低。有的工程项目，管理稍一放松，就会发生亏损，有的项目亏损额度较大。因此，做好投标前的成本预测、科学合理地计算投标价格及投标决策尤为重要。为此，在投标报价时，要认真识别招标文件涉及的经济条款，了解业主的资信及履约能力，制作投标报价做到心中有数。投标标价报出前，应组织专业人员进行评审论证，在此基础上，报企业领导决策。

为做好标前成本预测,企业要根据市场行情,不断收集、整理、完善符合本企业实际的内部价格体系,为快速准确地预测标前成本提供有力保证。同时,投标也要发生多种费用,包括标书费、差旅费、咨询费、办公费、招待费等。因此,提高中标率、节约投标费用开支,也成为降低成本开支的一项重要内容。对于投标费用,要与中标价相关联的指标挂钩,实施总额控制,规范开支范围和数额,应由一名企业领导专门负责招标投标工作及管理。

中标后,企业在合同签约时,一方面要据理力争,因为有的开发商在投标阶段将不利于施工企业的合同条件列入招标文件,并且施工企业在投标时对招标文件已确认,要想改变非常困难;另一方面也要利用签约机会,对相关不利的条款与业主协商,尽可能地做到公平、合理,力争将风险降至最低程度后再与业主签约。签约后,要及时向公司领导及项目部相关部门的有关人员进行合同交底,通过不同形式的交底,使项目部的相关管理人员明确本施工合同的全部相关条款、内容,为下一步扩大项目管理的盈利点,减少项目亏损打下基础。

(2)施工准备阶段的成本控制

根据设计图纸和技术资料,对施工方法、施工顺序、作业组织形式、机械设备选型、技术组织措施等进行认真的研究分析,运用价值工程原理,制订科学先进、经济合理的施工方案。根据企业下达的成本目标,以分部分项工程实物工程量为基础,结合劳动定额、材料消耗定额和技术组织措施的节约计划,在优化施工方案的指导下,编制详细而具体的成本计划,并按照部门、施工队和班组的分工进行分解,作为部门、施工队和班组的责任成本落实下去,为今后的成本控制做好准备。根据项目建设时间的长短和参加人数的多少,编制间接费用预算,对预算明细进行分解,并以项目经理部有关部门(或业务人员)责任成本的形式落实下去,为今后的成本控制和绩效考评提供依据。

(3)施工过程中的成本控制

①人工费的控制。人工费的控制实行"量价分离"的方法,将作业用工及零星用工按定额工日的一定比例综合确定用工数量与单价,通过劳务合同进行控制。

A. 制定先进合理的企业内部劳动定额,严格执行劳动定额,并将安全生产、文明施工及零星用工下达到作业队进行控制。全面推行全额计件的劳动管理方法和单项工程集体承包的经济管理方法,以不超出施工图预算人工费指导为控制目标,实行工资包干制度,认真执行按劳分配的原则,使职工个人所得与劳动贡献一致,充分调动广大职工的劳动积极性,提高劳动力效率。把工程项目的进度、安全、质量等指标与定额管理结合起来,提高劳动者的综合能力,实行奖励制度。

B. 提高生产工人的技术水平和作业队的组织管理水平,根据施工进度、技术要求，合理配备各工种工人数量，减少和避免无效劳动。不断改善劳动组织，创造良好的工作环境，改善工人的劳动条件，提高劳动效率。合理调节各工序人数安排情况，安排劳动力时，尽量做到技术工不做普通工的工作，高级工不做低级工的工作，避免技术上的浪费，既要加快工程进度，又要节约人工费用。

C. 加强职工的技术培训和多种施工作业技能培训，培养一专多能的技术工人，不断提高职工的业务技术水平和熟练操作程度及作业工效。提倡技术革新并推广新技术，提升技术装备水平和工厂化生产水平，提高企业的劳动生产率。

D. 实行弹性需求的劳务管理制度。对于施工生产各环节上的业务骨干和基本的施工力量，要保持相对稳定；对于短期需要的施工力量，要做好预测、计划管理，通过企业内部的劳务市场及外部协作队伍进行调剂。严格做到项目部的定员随工程进度要求及时调整，进行弹性管理。打破行业、工种界限，提倡一专多能，提高劳动力的利用效率。

②材料费的控制。材料费控制按照"量价分离"的原则，控制材料用量和材料价格。

A. 材料用量的控制。在保证符合设计要求和质量标准的前提下，合理使用材料，通过定额管理、计量管理等手段有效控制材料物资的消耗，具体方法如下。

定额控制：对于有消耗定额的材料，以消耗定额为依据，实行限额发料制度。在规定限额内分期分批领用，对于超过限额领用的材料，必须先查明原因，经过审批手续方可领料。

指标控制：对于没有消耗定额的材料，则实行计划管理和按指标控制的办法。根据以往项目的实际耗用情况，结合具体施工项目的内容和要求，制定领用材料指标，以控制材料发放。对于超过指标的材料，必须经过一定的审批手续方可领用。

计量控制：准确做好材料物资的收发计量检查和投料计量检查。

包干控制：材料使用过程中，对于部分小型及零星材料（如钢钉、钢丝等），根据工程量计算出所需材料量，将其折算成费用，由作业者包干控制。

B. 材料价格的控制。材料价格主要由材料采购部门控制。由于材料价格是由买价、运杂费、运输中的合理损耗等组成，因此控制材料价格主要通过掌握市场信息，应用招标和询价等方式控制材料、设备的采购价格。

施工项目的材料物资包括构成工程实体的主要材料和结构件，以及工程实体形成的周转使用材料和低值易耗品。从价值角度看，材料物资的价值占建筑安装工程造价的 60%～70%，重要程度自然不言而喻。由于材料物资的供应渠道和管理方式各不相同，所以控制的内容和所采取的控制方法也有所不同。

③施工机械使用费的控制。合理选择施工机械设备，合理使用施工机械设备对成本控制具有十分重要的意义，尤其是对高层建筑的施工意义更为重大。据工程实例统计，高层建筑地面以上部分的总费用中，垂直运输机械费用占$6\%\sim10\%$。由于不同的起重运输机械各有不同的用途和特点，因此在选择起重运输机械时，应根据工程特点和施工条件确定采用何种不同起重运输机械的组合方式。确定采用何种组合方式时，在满足施工需要的同时，还要考虑到费用的高低和综合经济效益。

施工机械使用费主要由台班数量和台班单价决定。为有效控制施工机械使用费支出，主要从以下四个方面进行控制。

A. 合理安排施工生产，加强设备租赁计划管理，减少因安排不当引起的设备闲置。

B. 加强机械设备的调度工作，尽量避免窝工，提高现场设备利用率。

C. 加强现场设备的维修保养，避免因不正确使用造成机械设备的停置。

D. 做好机上人员与辅助生产人员的协调与配合，提高施工机械台班产量。

④施工分包费用的控制。分包工程价格的高低，必然对项目经理部的施工项目成本产生一定的影响。因此，施工项目成本控制的重要工作之一是对分包价格的控制。项目经理部应在确定施工方案的初期就要确定需要分包的工程范围。决定分包范围的因素主要是施工项目的专业性和项目规模。对分包费用的控制，主要是做好分包工程的询价、订立平等互利的分包合同、建立稳定的分包关系网络、加强施工验收和分包结算等工作。

（4）竣工验收阶段的成本控制

①精心安排，干净利落地完成工程竣工扫尾工作。从现实情况看，很多工程到扫尾阶段，会把主要施工力量抽调到其他在建工程，以至扫尾工作拖拖拉拉、战线拉得很长，机械、设备无法转移，成本费用照常发生，使在建阶段取得的经济效益逐步流失。因此，一定要精心安排（因为扫尾阶段工作面较小，人多了反而会造成浪费），采取"快刀斩乱麻"的方法，把竣工扫尾时间缩短到最低限度。

②重视竣工验收工作，顺利交付使用。在验收以前，要准备好验收所需要的各种资料（包括竣工图），送甲方备查。对验收中甲方提出的意见，应根据设计要求和合同内容认真处理，如果涉及费用，应请甲方签证，列入工程结算。

③及时办理工程结算。一般来说，工程结算造价按原施工图预算增减账目。施工过程中，有些按实际结算的经济业务，由财务部门直接支付的，项目预算员不掌握资料，往往会在工程结算时遗漏。因此，在办理工程结算以前，

要求项目预算员和成本员进行认真全面的核对。

④工程保修期间,应由项目经理指定保修工作的责任者,并责成保修责任者根据实际情况提出保修计划(包括费用计划),以此作为控制保修费用的依据。

2. 赢得值法

(1) 赢得值法的三个基本参数

①已完成工作量的预算费用。已完成工作预算费用(Budgeted Cost for Work Performed, BCWP),指在某一时间已经完成的工作(或部分工作),以批准认可的预算为标准所需要的资金总额。由于业主是根据这个值为承包人完成的工作量支付相应的费用,也就是承包人获得(挣得)的金额,故又称赢得值或挣值。

已完成工作量的预算费用(BCWP)=已完成工作量×预算(计划)单价

②计划工作预算费用。计划工作量的预算费用(budgeted cost for work scheduled, BCWS),即根据进度计划在某一时刻应当完成的工作(或部分工作),以预算为标准所需要的资金总额,一般来说,除非合同有变更,BCWS在工程实施过程中保持不变。

计划工作预算费用(BCWS)=计划工作量×预算(计划)单价

③已完成工作量的实际费用。已完成工作量的实际费用(Actual Cost for Work Performed, ACWP),即到某一时刻为止,已完成的工作(或部分工作)所实际花费的总金额。

已完成工作量的实际费用(ACWP)=已完成工作量×实际单价

(2) 赢得值法的四个评价指标

在这三个基本参数的基础上,可以确定赢得值法的四个评价指标,它们也都是时间的函数。

①费用偏差(Cost Variance, CV)。

费用偏差(CV)=已完成工作量的预算费用(BCWP)-已完成工作量的实际费用(ACWP)

费用偏差(CV)为负值时,表示项目运行超出预算费用;费用偏差为正值时,表示项目运行节支,实际费用没有超出预算费用。

②进度偏差(Schedule Variance, SV)。

进度偏差(SV)=已完成工作量的预算费用(BCWP)-计划工作预算费用(BCWS)

当进度偏差(SV)为负值时,表示进度延误,即实际进度落后于计划进度;当进度偏差(SV)为正值时,表示进度提前,即实际进度快于计划进度。

③费用绩效指数（Cost Performance Index，CPI）。

费用绩效指数（CPI）＝已完成工作量的预算费用（BCWP）/已完成工作量的实际费用（ACWP）

当费用绩效指数（CPI）＜1时，表示超支，即实际费用高于预算费用；

当费用绩效指数（CPI）＞1时，表示节支，即实际费用低于预算费用。

④进度绩效指数（Schedule Performance Index，SPI）。

进度绩效指数（SPI）＝已完成工作量的预算费用（BCWP）/计划工作预算费用（BCWS）

当进度绩效指数（SPI）＜1时，表示进度延误，即实际进度比计划进度拖后；

当进度绩效指数（SPI）＞1时，表示进度提前，即实际进度比计划进度快。

费用（进度）偏差反映的是绝对偏差，结果很直观，有助于费用管理人员了解项目费用出现偏差的绝对数额，并依此采取一定措施，制订或调整费用支出计划和资金筹措计划。但是，绝对偏差有其不容忽视的局限性。如同样是10万元的费用偏差，对于总费用1000万元的项目和总费用1亿元的项目而言，其严重性显然是不同的。因此，费用（进度）偏差仅适合于对同一项目作偏差分析。费用（进度）绩效指数反映的是相对偏差，它不受项目层次的限制，也不受项目实施时间的限制，因而在同一项目和不同项目比较中均可采用。

在项目的费用、进度综合控制中引入赢得值法，可以克服进度、费用分开控制的缺点，即当我们发现费用超支时，很难立即知道是由于费用超出预算，还是由于进度提前；相反，当我们发现费用低于预算时，也很难立即知道是由于费用节省，还是由于进度拖延。而引入赢得值法，即可定量地判断进度、费用的执行效果。

（3）偏差分析方法

偏差分析可以采用不同的表达方法，常用的有横道图法、时标网络图法、表格法、曲线法等。

①横道图法。横道图法进行费用偏差分析，是用不同的横道标识已完成工作量的预算费用、计划工作量的预算费用和已完成工作量的实际费用，横道的长度与其金额成正比。横道图法具有形象、直观、一目了然等优点，能准确表达出费用的绝对偏差，能用眼感受到偏差的严重性。但这种方法反映的信息量少，一般在项目的较高管理层应用。

②时标网络图法。时标网络图以水平时间坐标尺度表示工作时间。时标的

时间单位根据需要可以是天、周、月等。在时标网络计划中，实箭线表示工作，实箭线的长度表示工作持续时间，虚箭线表示虚工作，波浪线表示工作与其紧后工作的时间间隔。

③表格法。表格法是进行偏差分析最常用的一种方法。它将项目编码、名称、各费用参数以及费用偏差数总和归纳在表格中，直接在表格中进行比较。由于各偏差参数都在表中列出，使得费用管理者能够综合地了解并处理这些数据。

用表格法进行偏差分析具有如下优点。

A. 灵活性、适用性强。可根据实际需要设计表格，进行增减项。

B. 信息量大。可以反映偏差分析所需的资料，有利于费用控制人员及时采取有针对性的措施，加强控制。

C. 表格处理可借助于计算机，从而节约处理大量数据所需的人力，并大大提高速度。

④曲线法。曲线法是用投资时间曲线（S形曲线）进行分析的一种方法。通常有三条曲线，即已完成工作量的实际量的费用曲线、已完成工作量的预算费用曲线、计划工作预算费用曲线。已完成工作量的实际量的费用与已完成工作预算费用两条曲线之间的竖向距离表示投资偏差，计划工作预算费用与已完成工作量的预算费用曲线之间的水平距离表示进度偏差。

二、施工成本核算

（一）施工成本核算对象的确定

成本核算对象是指在成本计算过程中，为归集和分配费用而确定的费用承担者。成本核算对象一般根据工程合同的内容、施工生产的特点、生产费用发生情况和管理上的要求确定。有的工程项目成本核算工作开展不起来，主要原因就是成本核算对象的确定与生产经营管理相脱节。成本核算对象划分要合理，实际工作中，往往划分过粗，把相互之间没有联系或联系不大的单项工程或单位工程合并起来作为一个成本核算对象，这样就不能反映独立施工的工程实际成本水平，从而不利于考核和分析工程成本的升降情况。当然，成本核算对象如果划分得过细，会出现许多间接费用需要分摊，从而增加核算工作量，难以做到成本准确。

①建筑安装工程一般以独立编制施工图预算的单位工程为成本核算对象。对于大型主体工程（如发电厂房本体）应以分部工程作为成本核算对象。

②对于规模大、工期长的单位工程，可以将工程划分为若干部位，以分部位的工程作为成本核算对象。

③同一工程项目，由同一单位施工，同一施工地点、同一结构类型、开工竣工时间相近、工程量较小的若干个单位工程可以合并作为一个成本核算对象。

（二）施工成本核算的程序

①对所发生的费用进行审核，确定计入工程成本的费用和计入各项期间费用的数额。

②将应计入工程成本的各项费用区分为哪些是应当计入的工程成本，哪些应由其他月份的工程成本负担。

③将每个月应计入工程成本的生产费用在各个成本对象之间进行分配和归集，计算各工程成本。

④对未完工程进行盘点，以确定本期已完工程实际成本。

⑤将已完工程成本转入"工程结算成本"科目中。

⑥结转期间费用。

（三）施工成本核算的方法

成本的核算过程，实际上也是各项成本项目的归集和分配过程。成本归集是指通过一定的会计制度以有序的方式进行成本数据的收集和汇总。成本的分配是指将归集的间接成本分配给成本对象的过程，也称为间接成本的分摊或分派。

1. 人工费的核算

劳动工资部门根据考勤表、施工任务书和承包结算书等，每月向财务部门提供"单位工程用工汇总表"，财务部门据以编制"工资分配表"，按受益对象计入成本和费用。对于采用计件工资制度的，能分清为哪个工程项目所发生的费用；对于采用计时工资制度的，计入成本的工资应按照当月工资总额和工人总的出勤工日计算的日平均工资及各工程当月实际用工数计算分配。工资附加费可以采取比例分配法。劳动保护费与工资的分配方法相同。

2. 材料费的核算

我们应根据发出材料的用途，划分工程耗用与其他耗用的界限，直接用于工程所耗用的材料才能计入成本核算对象的"材料费"成本项目。对于为组织和管理工程施工所耗用的材料及各种施工机械所耗用的材料，应分别通过"间接费用""机械作业"等科目进行归集，然后再分配到相应的成本项目中。

材料费的归集和分配方法如下。

①凡领用时能点清数量并分清领用对象的，应在有关领料凭证（领料单、限额领料单）上注明领料对象，其成本直接计入该成本核算对象。

②领用时虽能点清数量，但属于集中配料或统一下料的材料（如油漆、玻

璃等）应在领料凭证上注明"工程集中配料"字样，月末根据耗用情况编制"集中配料耗用计算单"，据以分配计入各成本核算对象。

③对于领料时既不易点清数量，又难以分清耗用对象的材料，如砖、瓦、灰、砂、石等大堆材料，可根据具体情况，由材料员或施工现场保管员月末通过实地盘点倒算出本月实耗数量，编制"大堆材料耗用量计算单"，据以计入成本计算对象。

④对于周转使用的模板、脚手架等材料，应根据受益对象的实际在用数量和规定的摊销方法，计算当月摊销额，编制"周转材料摊销分配表"，据以计入成本核算对象。对于租用的周转材料，应按实际支付的租赁费计入成本核算对象。

⑤施工中的残次材料和包装物品等应收回利用，编制"废料交库单"估价入账，冲减工程成本。

⑥按月计算工程成本时，月末对已经办理领料手续而尚未耗用但下月份仍需要继续使用的材料，应进行盘点，办理"假退料"手续，冲减本期工程成本。

⑦对于工程竣工后的剩余材料，应填写"退料单"，据以办理材料退库手续，冲减工程成本。期末，企业应根据材料的各种领料凭证，汇总编制"材料费用分配表"，作为各工程材料费核算的依据。

需要说明：企业对在购入材料过程中发生的采购费用，如果未直接计入材料成本，而是进行单独归集的（计入了"采购费用"或"进货费用"等账户），在领用材料结转材料成本的同时，应按比例结转应分摊的进货费用。按现行会计准则，材料的仓储保管费用不能计入材料成本，也不需要单独归集，而应该在发生的当期直接计入当期损益，即计入管理费用。

3. 周转材料费的核算

①周转材料实行内部租赁制，以租费的形式反映消耗情况，按"谁租用谁负担"的原则，核算项目成本。

②按周转材料租赁办法和租赁合同，由出租方与项目经理部按月结算租赁费。租赁费按租用的数量、时间和内部租赁单价计入项目成本。

③周转材料调入移出时，项目经理部必须加强计量验收制度，如有短缺、损坏，一律按原价赔偿，计入项目成本（短损数＝进场数－退场数）。

④租用周转材料的进退场运费按实际发生数由调入项目负担。

⑤对于U形卡、脚手扣件等零件，除执行租赁制外，考虑到其比较容易散失的因素，故按规定实行定额预提摊耗，摊耗数计入项目成本，相应减少次月租赁基数及租费。单位工程竣工，必须进行盘点，盘点后的实物数与前期逐

月按控制定额摊耗后的数量差，按实调整清算计入成本。

⑥实行租赁制的周转材料不再分配负担周转材料差价。

4. 机械使用费的核算

①机械设备实行内部租赁制，以租赁费形式反映消耗情况，按"谁租用谁负担"原则，核算项目成本。

②按机械设备租赁办法和租赁合同，由企业内部机械设备租赁市场与项目经理部按月结算租赁费。租赁费根据机械使用台班、停置台班和内部租赁单价计算，计入项目成本。

③机械进出场费按规定由承租项目负担。

④项目经理部租赁的各类中小型机械，其租赁费全额计入项目机械费成本。

⑤根据内部机械设备租赁运行规则要求，结算原始凭证由项目经理部指定专人签证开班和停班数，据以结算费用。现场机、电、修等操作工奖金由项目经理部考核支付，计入项目机械成本并分配到有关单位工程。

⑥向外单位租赁机械，按当月租赁费用全额计入项目机械费成本。

5. 其他直接费的核算

项目施工生产过程中实际发生的其他直接费，凡能分清受益对象的，应直接计入受益成本核算对象的"工程施工－其他直接费"，与若干个成本核算对象有关的，可先归集到项目经理部的"其他直接费"总账科目（自行增设），再按规定的方法分配计入有关成本核算对象的"工程施工－其他直接费"成本项目内。分配方法参照费用计算基数，以实际成本中的直接成本（不含其他直接费）扣除"三材"差价为分配依据。即人工费、材料费、周转材料费、机械使用费之和扣除高进高出价差。

①施工过程中的材料二次搬运费按项目经理部向劳务分公司汽车队托运包天或包月租费结算，或以汽车公司的汽车运费计算。

②临时设施摊销费按项目经理部搭建的临时设施总价（包括活动房）除以项目合同期求出每月应摊销额。临时设施使用一个月摊销一个月，摊完为止。项目竣工搭拆差额（盈亏）按实际调整成本计算。

③生产工具用具使用费。大型机动工具、用具等可以套用类似内部机械租赁办法以租费形式计入成本，也可按购置费用一次摊销法计入项目成本，并做好耐用工具实物借用记录，以便反复利用。工具用具的修理费按实际发生数计入成本。

④除上述以外的其他直接费内容，均应按实际发生的有效结算凭证计入项目成本。

第四节 建筑工程项目施工成本分析

一、施工成本分析的依据

施工成本分析，一方面是根据会计核算、业务核算和统计核算提供的资料，对施工成本的形成过程和影响成本升降的因素进行分析，寻求进一步降低成本的途径；另一方面通过对成本的分析，可以从账簿、报表反映的成本现象看清成本的实质，增强项目成本的透明度和可控性，为加强成本控制，实现项目成本目标创造条件。

（一）会计核算

会计核算主要是价值核算。会计是对一定单位的经济业务进行计量、记录、分析和检查，作出预测，参与决策，实行监督，旨在实现最优经济效益的一种管理活动。它通过设置账户、复式记账、填制和审核凭证、登记账簿、成本计算、财产清查和编制会计报表等一系列有组织、有系统的方法，记录企业的一切生产经营活动，据以提出用货币反映有关各种综合性经济指标的数据。

（二）业务核算

业务核算是各业务部门根据业务工作的需要而建立的核算制度，包括原始记录和计算登记表。业务核算的范围比会计、统计核算的范围广，会计和统计核算一般是对已经发生的经济活动进行核算，业务核算不但对已经发生的，而且对尚未发生或正在发生的经济活动进行核算，以确定是否可以做，是否有经济效果。

（三）统计核算

统计核算是利用会计核算资料和业务核算资料，把企业生产经营活动客观现状的大量数据按统计方法加以系统整理，表明其规律性。

二、施工成本分析的方法

（一）成本分析的基本方法

1. 比较法

比较法又称"指标对比分析法"，是通过技术经济指标的对比，检查目标的完成情况，分析产生差异的原因，挖掘内部潜力的方法，通常有以下形式。

①实际指标与目标指标对比。依次检查目标完成的情况，分析影响目标完成的积极因素和消极因素，及时采取措施，保证成本目标的实现。在进行实际

指标与目标指标对比时，应注意目标本身有无问题。如果目标本身出现问题，则应调整目标，重新正确评价实际工作的成绩。

②本期实际指标与上期实际指标对比。通过本期实际指标与上期实际指标对比，查看各项技术经济指标的变动情况，反映施工管理水平的提高程度。

③与本行业平均水平、先进水平对比。通过对比，反映本项目的技术管理和经济管理与行业的平均水平和先进水平的差距，进而采取措施赶超先进水平。

2. 因素分析法

因素分析法又称为连锁置换法或连环替代法。因素分析法是将某一综合性指标分解为各个相互关联的因素，通过测定这些因素对综合性指标差异额的影响程度，分析评价计划指标执行情况的方法。成本分析中采用因素分析法，是将构成成本的各种因素进行分解，测定各个因素变动对成本计划完成情况的影响程度，据此对企业的成本计划执行情况进行评价，并提出进一步的改进措施。在进行分析时，首先要假定若干因素中的一个因素发生了变化，其他因素则不变，然后逐个替换，并分别比较其计算结果，确定各个因素变化对成本的影响程度。因素分析法的计算步骤如下。

①将分析的某项经济指标分解为若干个因素的乘积。分解时，应注意经济指标的组成因素应能够反映形成该项指标差异的内在构成原因；否则，计算的结果就不准确。如材料费用指标可分解为产品产量、单位消耗量与单价的乘积，但不能分解为生产该产品的天数、每天用料量与产品产量的乘积。因为这种构成方式不能全面反映产品材料费用的构成情况。

②计算经济指标的实际数与基期数（如计划数、上期数等），形成了两个指标体系，这两个指标的差额，即实际指标减基期指标的差额，就是所要分析的对象。各因素变动对所要分析的经济指标完成情况影响合计数，应与该分析对象相等。

③确定各因素的替代顺序。确定经济指标因素的组成时，其先后顺序就是分析时的替代顺序。在确定替代顺序时，应从各个因素相互依存的关系出发，使分析的结果有助于分清经济责任。替代的顺序是先替代数量指标，后替代质量指标；先替代实物量指标，后替代货币量指标；先替代主要指标，后替代次要指标。

④计算替代指标。其方法是以基期数为基础，用实际指标体系中的各个因素逐步顺序地替换每次用实际数替换基数指标中的一个因素，计算出一个指标。每次替换后，实际数保留下来，有几个因素就替换几次，就可以得出几个指标。在替换时要注意替换顺序，应采取连环的方式，不能间断；否则，计算

出来的各因素的影响程度之和就不能与经济指标实际数与基期数的差异额（分析对象）相等。

⑤计算各因素变动对经济指标的影响程度。将每次替代所得到的结果与这一因素替代前的结果进行比较，差额就是这一因素变动对经济指标的影响程度。

⑥将各因素变动对经济指标影响程度的数额相加，应与该项经济指标实际数与基期数的差额（分析对象）相等。

3. 差额计算法

差额计算法是因素分析法的一种简化形式，利用各个因素的目标值与实际值的差额计算其对成本的影响程度。

差额＝计划值－实际值

4. 比率法

比率法是指用两个以上的指标比率进行分析的方法，常用的比率法有以下三种。

(1) 相关比率法

由于项目经济活动的各个方面是互相联系、互相依存、互相影响的，因而将两个性质不同而又相关的指标加以对比，求出比率，以此考查经营成果的好坏。例如，产值和工资是两个不同的概念，但它们的关系又是投入与产出的关系。一般情况下，都希望以最少的人工费支出完成最大的产值。因此，施工成本分析中，用产值工资率指标考核人工费的支出水平，常用相关比率法。

(2) 构成比率法

构成比率法又称为比重分析法或结构对比分析法。通过构成比率，考查成本总量的构成情况以及各成本项目占成本总量的比重，也可看出量、本、利的比例关系（预算成本、实际成本和降低成本的比例关系），从而为寻求降低成本的途径指明方向。

(3) 动态比率法

动态比率法就是将同类指标不同时期的数值进行对比分析，求出比率，分析该项指标的发展方向和发展速度。动态比率的计算通常采用基期指数和环比指数两种方法。

(二) 综合成本的分析方法

综合成本是指涉及多种生产要素，并受多种因素影响的成本费用，如分部分项工程成本、月度成本、季度成本、年度成本等。这些成本都是随着项目施工的进展而逐步形成的，与生产经营有着密切的关系。因此，做好上述成本的分析工作，将有利于促进项目的生产经营管理，提高项目的经济效益。

1. 分部分项工程成本分析

分部分项工程成本分析是施工项目成本分析的基础。分部分项工程成本分析的对象是已完成的分部分项工程。分析的方法是进行预算成本、计划成本和实际成本的"三个成本"对比，分别计算实际偏差和目标偏差，分析偏差产生的原因，为今后的分部分项工程成本寻求节约途径。

分部分项工程成本分析的资料来源是：预算成本来自施工图预算，计划成本来自施工预算，实际成本来自施工任务单的实际工程量、实耗人工和限额领料单的实耗材料。

由于施工项目包括很多分部分项工程，不可能也没有必要对每一个分部分项工程都进行成本分析。例如一些工程量小、成本费用微不足道的零星工程。但是对于那些主要分部分项工程，必须进行成本分析，而且要做到从开工到竣工进行系统的成本分析。通过主要分部分项工程成本的系统分析，了解项目成本形成的全过程，为竣工成本分析和今后的项目成本管理提供一份宝贵的参考资料。

2. 月（季）度成本分析

月（季）度的成本分析是施工项目定期的、经常性的中间成本分析。对于具有一次性特点的施工项目来说，有着特别重要的意义。通过月（季）度成本分析，及时发现问题，以便按照成本目标指示的方向进行监督和控制，保证项目成本目标的实现。月（季）度成本分析的依据是当月（季）的成本报表。分析的方法通常有以下六个方面。

①通过实际成本与预算成本的对比，分析当月（季）的成本降低水平；通过累计实际成本与累计预算成本的对比，分析累计的成本降低水平，预测实现项目成本目标的前景。

②通过实际成本与计划成本的对比，分析计划成本的落实情况，以及目标管理中的问题和不足，进而采取措施，加强成本管理，保证计划成本的落实。

③通过对各成本项目的成本分析，了解成本总量的构成比例和成本管理的薄弱环节。例如，在成本分析中，发现人工费、机械费和间接费等项目大幅度超支，就应该对这些费用的收支配比关系认真研究，采取对应的增收节支措施，防止再超支。如果是属于预算定额规定的"政策性"亏损，则应从控制支出着手，把超支额压缩到最低限度。

④通过主要技术经济指标的实际与计划的对比，分析产量、工期、质量、"三材"节约率、机械利用率等对成本的影响。

⑤通过对技术组织措施执行效果的分析，寻求更加有效的节约途径。

⑥分析其他有利条件和不利条件对成本的影响。

3. 年度成本分析

企业成本要求一年结算一次，不得将本年成本转入下一年度。而项目成本则以项目的寿命周期为结算期，要求从开工、竣工到保修期结束连续计算，最后结算出成本总量及盈亏。由于项目的施工周期一般比较长，除要进行月（季）度成本的核算和分析外，还要进行年度成本的核算和分析。满足企业汇编年度成本报表的需要，也是项目成本管理的需要。通过年度成本的综合分析，总结一年来成本管理的成绩和不足，为今后的成本管理提供经验和教训，从而对项目成本进行更有效的管理。

年度成本分析的依据是年度成本报表。年度成本分析的内容，除月（季）度成本分析的六个方面以外，重点是针对下一年度的施工进展情况规划切实可行的成本管理措施，保证施工项目成本目标的实现。

4. 竣工成本的综合分析

凡是有几个单位工程而且是单独进行成本核算（成本核算对象）的施工项目，其竣工成本分析应以各单位工程竣工成本分析资料为基础，再加上项目经理部的经营效益（如资金调度、对外分包等所产生的效益）进行综合分析。如果施工项目只有一个成本核算对象（单位工程），应以该成本核算对象的竣工成本资料作为成本分析的依据。

单位工程竣工成本分析应包括以下三方面内容。

①竣工成本分析。

②主要资源节超对比分析。

③主要技术节约措施及经济效果分析。

通过以上分析，可以全面了解单位工程的成本构成和降低成本的来源，对今后同类工程的成本管理具有参考价值。

第四章 建筑工程项目进度管理

第一节 建筑工程项目进度管理概述

一、建筑工程项目进度管理的概念

建筑工程项目进度控制与成本控制和质量控制一样,是项目施工中的重点控制内容之一。它是保证施工项目按期完成,合理安排资源供应,节约工程成本的重要措施。

建筑工程项目进度管理即在经确认的进度计划的基础上实施工程各项具体工作,在一定的控制期内检查实际进度完成情况,并将其与进度计划相比较,若出现偏差,便分析其产生的原因和对工期的影响程度,找出必要的调整措施,修改原计划,不断如此循环,直至工程项目竣工验收。施工项目进度控制的总目标是确保施工项目既定目标工期的实现,或者在保证施工质量和不因此而增加施工实际成本的条件下,适当缩短施工工期。

二、建筑工程项目进度控制的目的及任务

(一)进度控制的目的

进度控制的目的是通过控制以实现工程的进度目标。在工程施工实践中,必须树立和坚持一个最基本的工程管理原则,即在确保工程质量的前提下,控制工程的进度。

(二)进度控制的任务

工程项目进度控制的任务包括设计准备阶段、设计阶段、施工阶段的任务。

1. 设计准备阶段的任务

①收集有关工期的信息,进行工期目标和进度控制决策。

②编制工程项目总进度计划。

③编制设计准备阶段详细工作计划，并控制其执行。

④进行环境及施工现场条件的调查和分析。

2. 设计阶段的任务

①编制设计阶段工作计划，并控制其执行。

②编制详细的出图计划，并控制其执行。

3. 施工阶段的任务

①编制施工总进度计划，并控制其执行。

②编制单位工程施工进度计划，并控制其执行。

③编制工程年、季、月实施计划，并控制其执行。

三、进度管理的程序

①确定进度目标，明确计划开工日期、计划总工期和计划竣工日期，并确定项目分期分批的开工、竣工日期。

②编制施工进度计划，并使其得到各个方面如施工企业、业主、监理工程师的批准。

③实施施工进度计划，由项目经理部的工程部调配各项施工项目资源，组织和安排各工程队按进度计划的要求实施工程项目。

④施工项目进度控制，在施工项目部计划、质量、成本、安全、材料、合同等各个职能部门的协调下，定期检查各项活动的完成情况，记录项目实施过程中的各项信息，用进度控制比较方法判断项目进度完成情况，如进度出现偏差，则应调整进度计划，以实现项目进度的动态管理。

⑤阶段性任务或全部任务完成后，应进行进度控制总结，并编写进度控制报告。

四、工程施工项目进度管理体系

（一）施工准备工作计划

施工准备工作的主要任务是为建设工程的施工创造必要的技术和物资条件，统筹安排施工力量和施工现场。

施工准备的工作内容通常包括：技术准备、物资准备、劳动组织准备、施工现场准备和施工场外准备。为落实各项施工准备工作，加强检查和监督，应根据各项施工准备工作的内容、时间和人员，编制施工准备工作计划。

（二）施工总进度计划

施工总进度计划是根据施工部署中施工方案和工程项目的开展程序，对全工地所有单位工程做出时间上的安排。

施工总进度计划在于确定各单位工程及全工地性工程的施工期限及开竣工日期，进而确定施工现场劳动力、材料、成品、半成品、施工机械的需要数量和调配情况，以及现场临时设施的数量、水电供应量及能源需求量等。

科学、合理地编制施工总进度计划，是保证整个建设工程按期交付使用、充分发挥投资效益、降低建设工程成本的重要条件。

（三）单位工程施工进度计划

单位工程施工进度计划是在既定施工方案的基础上，根据规定的工期和各种资源供应条件，遵循各施工过程的合理施工顺序，对单位工程中的各施工过程作出时间和空间上的安排，并以此为依据，确定施工作业所必需的劳动力、施工机具和材料供应计划。合理安排单位工程施工进度，是保证在规定工期内完成符合质量要求的工程任务的重要前提，也为编制各种资源需要量计划和施工准备工作计划提供依据。

（四）分部、分项工程进度计划

分部、分项工程进度计划是针对工程量较大或施工技术比较复杂的分部、分项工程，在依据工程具体情况所制定的施工方案的基础上，对其各施工过程所做出的时间安排。

第二节　建筑工程项目进度计划的编制

一、建筑工程项目进度计划的分类

（一）按照项目范围（编制对象）分类

1. 施工总进度计划

施工总进度计划是以整个建设项目为对象来编制的，确定各单项工程的施工顺序和开、竣工时间以及相互衔接关系。施工总进度计划属于概略的控制性进度计划，综合平衡各施工阶段工程的工程量和投资分配。其内容包括：

①编制说明，包括编制依据、编制步骤和内容。

②进度总计划表，可以采用横道图或者网络图形式。

③分期分批施工工程的开、竣工日期，工期一览表。

④资源供应平衡表，即为满足进度控制而需要的资源供应计划。

2. 单位工程施工进度计划

单位工程施工进度计划是对单位工程中的各分部、分项工程的计划安排，以此为依据确定施工作业所必需的劳动力和各种技术物资供应计划。其内容包括：

①编制说明，包括编制依据、编制步骤和内容。

②单位工程进度计划表。

③单位工程施工进度计划的风险分析及控制措施，包括由于不可预见因素，如不可抗力、工程变更等原因致使计划无法按时完成而采取的措施。

3. 分部分项工程进度计划

分部分项工程进度计划是针对项目中某一部分或某一专业工种的计划安排。

（二）按照项目参与方分类

建筑工程施工进度计划按照项目参与方划分，可分为业主方进度计划、设计方进度计划、施工方进度计划、供货方进度计划和建设项目总承包方进度计划。

（三）按照时间分类

建筑工程施工进度计划按照时间划分，可分为年度进度计划，季度进度计划和月、旬作业计划。

（四）按照计划表达形式分类

建筑工程施工进度计划按照计划表达形式划分，可分为文字说明计划和以横道图、网络图等表达的图表式进度计划。

二、施工项目进度计划编制依据

（一）施工项目总进度计划编制依据

①施工合同。施工合同包括合同工期、分期分批工期的开竣工日期，有关工期提前延误调整的约定等。

②施工进度目标。除合同约定的施工进度目标外，承包商可能有自己的施工进度目标。用以指导施工进度计划的编制。

③工期定额。工期定额作为一种行业标准，是在许多过去工程资料统计基础上得到的。

④有关技术经济资料。有关技术经济资料包括施工地质、环境等资料。

⑤施工部署与主要工程施工方案。施工项目进度计划是在施工方案确定后编制。

⑥其他资料。类似工程的进度计划。

（二）单位工程进度计划编制依据

①项目管理目标责任。在"项目管理目标责任书"中明确规定了项目进度目标。这个目标既不是合同目标，又不是定额工期，而是项目管理的责任目

标，不但有工期，而且有开工时间和竣工时间。项目管理目标责任书中对进度的要求，是编制单位工程施工进度计划的依据。

②施工总进度计划。单位工程施工进度计划必须执行施工总进度计划中所要求的开、竣工时间，工期安排。

③施工方案。施工方案对施工进度计划有决定性作用。施工顺序，就是施工进度计划的施工顺序，施工方法直接影响施工进度。机械设备既影响所涉及的项目的持续时间、施工顺序，又影响总工期。

④主要材料和设备的供应能力。施工进度计划编制的过程中，必须考虑主要材料和机械设备的能力。一旦进度确定，则供应能力必须满足进度的需要。

⑤施工人员的技术素质及劳动效率。施工人员的技术素质高低，影响着速度和质量，技术素质必须满足规定要求。

⑥施工现场条件，气候条件，环境条件。

⑦已建成的同类工程实际进度及经济指标。

三、施工项目进度计划的编制步骤

（一）施工总进度计划编制步骤

1. 收集编制依据

①工程项目承包合同及招投标书（工程项目承包合同中的施工组织设计，合同工期，开、竣工日期，有关工期提前或延误调整的约定，工程材料，设备的订货、供货合同等）。

②工程项目全部设计施工图纸及变更洽商（建设项目的扩大初步设计、技术设计、施工图设计、设计说明书、建筑总平面图及变更洽商等）。

③工程项目所在地区位置的自然条件和技术经济条件（施工地质、环境、交通、水电条件等，建筑施工企业的人力、设备、技术和管理水平等）。

④施工部署及主要工程施工方案（施工顺序、流水段划分等）。

⑤工程项目需要的主要资源（劳动力状况、机具设备能力、物资供应来源条件等）。

⑥建设方及上级主管部门对施工的要求。

⑦现行规范、规程及有关技术规定（国家现行的施工及验收规范、操作规程、技术规定和技术经济指标）。

⑧其他资料（如类似工程的进度计划）。

2. 确定进度控制目标

根据施工合同确定单位工程的先后施工顺序和开、竣工日期及工期。应在充分调查研究的基础上，确定一个既能实现合同工期，又可实现指令工期，比这两种工期更积极可靠（更短）的工期作为编制施工总进度计划。从而确定作为进度控制目标的工期。

3. 计算工程量

首先根据建设项目的特点划分项目。项目划分不宜过多，应突出主要项目，一些附属、辅助工程可以合并。然后估算各主要项目的实物工程量。

4. 确定各单位工程的施工期限和开、竣工期

影响单位施工期限的因素很多，主要是：建筑类型、结构特征和工程规模、施工方法、施工管理水平，劳动力和材料供应情况以及施工现场的地形、地质条件等。因此，各单位工程的工期按合同约定的工期，并根据现场具体情况，综合考虑后以确定。

5. 安排各单位工程的搭接关系

在确定了各主要单位工程的工期限之后。就可以进一步安排各单位工程的搭接施工时间。在解决这一问题时，一方面要根据施工部署中的计划工期及施工条件；另一方面要尽量使主要工种的工人基本上连续、均衡地施工。在具体安排时应着重考虑以下几点：

①根据（合同约定）使用要求和施工可能，分期分批地安排施工，明确每个单位工程竣工时间。

②对于施工难度较大、施工工期较长的，应尽量先安排施工。

③同一时期的开工项目不应过多。

④每个施工项目的施工准备、土建施工、设备安装和试生产的时间要合理衔接。

⑤土建工程中的主要分部分项工程和设备安装工程实行连续、均衡地流水施工。

6. 编制施工进度计划

根据各施工项目的工期与搭接时间，编制初步进度计划；按照流水施工与综合平衡的要求，调整进度计划，最后编制施工总进度计划。

（二）单项工程进度计划编制步骤

1. 研究施工图和有关资料并调查施工条件

认真研究施工图、施工组织总设计对单位工程进度计划的要求。

2. 施工过程划分

施工过程的多少、粗细程度根据工程不同而有所不同，宜粗不宜细。

（1）施工过程的粗细程度

为使进度计划能简明清晰、便于掌握，原则上应在可能条件下尽量减少施工过程的数目。分项越细，则项目越多，就会显得越繁杂，所以，施工过程划

分的粗细要根据施工任务的具体情况来确定。原则上应尽量减少项目数量，能够合并的项目尽可能地予以合并。

（2）施工过程项目应与施工方法一致

施工过程项目的划分，应结合施工方法来考虑，以保证进度计划表能够完全符合施工进展的实际情况，真正能起到指导施工的作用。

3. 编排合理施工顺序

施工顺序是在施工方案中确定的施工流向和施工程序的基础上，按照所选施工方法和施工机械的要求确定的。

确定施工顺序是为了按照施工的技术规律和合理的组织关系，解决各项目之间在时间上的先后顺序和搭接关系，以期做到保证质量、安全施工、充分利用空间、争取时间、实现合理安排工期的目的。

工业与民用建筑的施工顺序不同。在设计施工顺序时，必须根据工程的特点、技术和组织上的要求以及施工方案等进行研究，不能拘泥于某种僵化的顺序。

4. 计算各施工过程的工程量与定额

施工过程确定之后，根据施工图纸及有关工程量计算规则，按照施工顺序的排列，分别计算各个施工过程的工程量。

在计算工程量时，应注意施工方法，不管何种施工方法，计算出的工程量是一样。

在采用分层分段流水施工时，工程量也应按分层分段分别加以计算，以保证与施工实际吻合，有利于施工进度计划的编制。

工程量的计算单位应与劳动定额中的同一项目的单位一致，避免工程量计算后在套用定额时，又要重复计算。

如已有施工图预算，则在编制施工进度计划时，不必计算，直接从施工图预算中选取，但是，要注意根据施工方法的需要，按施工实际情况加以修订和调整。

5. 确定劳动力和机械需要量及持续时间

计算劳动量和机械台班需要量时，应根据现行劳动定额，并考虑当地实际施工水平，预测超额完成任务的可能性。

施工项目工作持续时间的计算方法一般有经验估计法、定额计算法和倒排计划法。

6. 编排施工进度计划

编制进度计划应优先使用网络计划图，也可使用横道计划图。7. 出劳动力和物资计划有了施进度计划以后，还需要编制劳动力和物资需要量计划，附于施工进度计划之后。这样，就更具体、更明确地反映出完成该进度计划所必须具备的基本条件，便于领导掌握情况，统一平衡、保证及时调配，以满足施工任务的实际需要。

四、流水施工

流水施工是指所有施工过程按一定的时间间隔依次投入施工，各个施工过程陆续开工、陆续竣工，使同一施工过程的施工班组保持连续、均衡施工，不同的施工过程尽可能平行搭接施工的组织方式。

（一）流水施工的优点

①流水施工能合理、充分地利用工作面，争取时间，加速工程的施工进度，从而有利于缩短施工工期。

②流水施工能保持各施工过程的连续性、均衡性，从而有利于高施工管理水平和技术经济效益。

③流水施工能使各施工班组在一定时期内保持相同的施工操作和连续、均衡地施工从而有利于高劳动效率。

（二）组织流水施工的要点

1. 划分分部分项工程（施工过程）

首先将拟建工程，根据工程特点及施工要求，划分为若干个分部工程；其次按照工艺要求、工程量大小和施工班组情况，将各分部工程划分为若干个施工过程（即分项工程）。

2. 划分施工段

根据组织流水施工的需要，将拟建工程在平面上或空间上，划分为工程量大致相等的若干个施工段。

3. 每个施工过程组织独立的施工班组

每个施工过程有独立的施工班组。这样可使每个施工班组按施工顺序，依次、连续、均衡地从一个施工段转移到另一个施工段进行相同的操作。

4. 主要施工过程必须连续、均衡地施工

对工程量较大、施工时间较长的主要施工过程，必须组织连续、均衡施工；对其他次要施工过程，可考虑与相邻的施工过程合并。如不能合并，为缩短工期，可安排间断施工。

5. 不同的施工过程尽可能组织平行搭接施工

根据施工顺序，不同的施工过程，在有工作面的条件下，除必要的技术和组织间歇时间外，应尽可能组织平行搭接施工。

(三) 流水施工的主要参数

1. 工艺参数

工艺参数是指流水施工的施工过程数目,以符号"N"表示。对于不同的计划施工过程划分数目多少不同、粗细不一。

施工控制性进度计划,其施工过程划分可粗些,综合性大些。施工实施性进度计划,其施工过程划分可细些,具体些。对月度作业性计划,施工过程还可分解为工序,如安装模板、绑扎钢筋等。

2. 空间参数

空间参数包括施工段和施工层。

组织流水施工时,拟建工程在平面上划分的若干个劳动量大致相等的施工区段,称为施工段,它的数目一般以"M"表示。

划分施工段的目的,是为了组织流水施工,保证不同的施工班组能在不同的施工段上同时进行施工,并使各施工班组能按一定的时间间隔转移到另一个施工段进行连续施工,既消除等待、停歇现象,又互不干扰。

施工层是指为满足竖向流水施工的需要,在建筑物垂直方向上划分的施工区段,常用"M"表示。施工层的划分视工程对象的具体情况而定,一般以建筑物的结构层作为施工层。

(1) 划分施工段的要求

①施工段的数目要合理。施工段过多,会增加总的施工持续时间,而且工作面不能充分利用;施工段过少,则会引起劳动力、机械和材料供应的过分集中,有时还会造成"断流"的现象。

②各施工段的劳动量(或工作量)一般应大致相等(相差宜在15%以内),以保证各施工班组连续、均衡地施工。

③施工段的划分界限要以保证施工质量且不违反操作规程要求为前提。例如,结构上不允许留施工缝的部位不能作为划分施工段的界限。

④当组织楼层结构的流水施工时,为使各施工班组能连续施工,上一层的施工必须在下一层对应部位完成后才能开始。即各施工班组做完第一段后,能立即转入第二段;做完第一层的最后一段后,能立即转入第二层的第一段。因此,每一层的施工段数 M 必须大于或等于其施工过程数即可。

(2) 施工段划分的一般部位

施工段划分的部位要有利于结构的整体性,应考虑到施工工程对象的特点。一般按下述几种情况划分施工段的部位。

①设置有伸缩缝、沉降缝的建筑工程,可以此缝为界划分施工段。

②单元式的住宅工程,可按单元为界分段,必要时以半个单元为界分段。

③道路、管线等按长度方向延伸的工程，可按一定长度作为一个施工段。
④多幢同类型建筑，可以一幢房屋作为一个施工段。

3. 时间参数

时间参数有流水节拍、流水步距等。

(1) 流水节拍

流水节拍是指从事某一施工过程的施工班组在一施工段上完成施工任务所需的时间。

流水节拍的大小直接关系到投入的劳动力、材料和机械的多少，决定着施工速度和施工的节奏。因此，合理确定流水节拍，具有重要意义。

在确定流水节拍时，要考虑以下因素：

①施工班组人数应符合该施工过程最少劳动组合人数的要求。

②要考虑工作面的大小限制。每个工人的工作面要符合最小工作面的要求。否则，就不能发挥正常的施工效率或不利于安全生产。

③要考虑各种机械台班的效率（吊装次数）或机械台班产量的大小。

④要考虑各种材料构件等施工现场堆放量、供应能力及其他有关条件的制约。

⑤要考虑施工及技术条件的要求。例如，不能留施工缝必须连续浇筑的钢筋混凝土工程，有时要按三班制工作的条件决定流水节拍，以确保工程质量。

节拍值一般取整数，必要时可保留0.5天（台班）的小数值。

(2) 流水步距

流水施工中，相邻两个施工班组先后进入同一施工段开始施工的间隔时间，称为流水步距。

流水步距的大小，对工期有着较大的影响。一般说来，在施工段不变的条件下，流水步距越大，工期越长；流水步距越小，则工期越短。流水步距还与前后两个相邻施工过程流水节拍的大小、施工工艺技术要求、是否有技术和组织间歇时间、施工段数目、流水施工的组织方式等有关。

(四) 流水施工基本方式

建筑工程的流水施工要求有一定的节拍，才能步调和谐，配合得当。流水施工的节奏是由流水节拍所决定的。由于建筑工程的多样性，各分部分项的工程量差异较大，要使所有的流水施工都组织成统一的流水节拍是很困难的。在大多数情况下，各施工过程的流水节拍不一定相等，甚至一个施工过程本身在各施工段上的流水节拍也不相等。因此形成了不同节奏特征的流水施工。

1. 有节奏流水

有节奏流水是指同一施工过程在各施工段上的流水节拍都相等的一种流水

施工方式。根据不同施工过程之间的流水节拍是否相等，有节奏流水又可分为等节奏流水和异节奏流水。

（1）等节奏流水

等节奏流水是指同一施工过程在各施工段上的流水节拍都相等，并且不同施工过程之间的流水节拍也相等的一种流水施工方式，即各施工过程的流水节拍等于常数，故也称全等节拍流水。

（2）异节奏流水

异节奏流水是指同一施工过程在各施工段上的流水节拍都相等，不同施工过程之间的流水节拍不完全相等的一种流水施工方式。

2. 无节奏流水

无节奏流水是指同一施工过程在各施工段上的流水节拍不完全相等的一种流水施工方式。

在实际工作中，有节奏流水，尤其是等节奏流水往往是难以组织的，而无节奏流水则是常见的。无节奏流水只要保证各施工过程的工艺顺序合理就可以。

五、建筑工程进度计划的表示方法

（一）横道图

表格由左右两部分组成，左边部分反映拟建工程所划分的施工项目、工程量、定额、劳动量或台班量、工作班制、施工人数及工作持续时间等计算内容，右边部分则用水平线段反映各施工项目的搭接关系和施工进度，其中的格子根据需要可以是一格表示一天或若干天。

左边部分计算完毕后，即可编制施工进度计划的初步方案。一般的编制方法有以下三种：

1. 根据施工经验直接安排的方法

这是根据经验资料及有关计算，直接在进度表上画出进度线的方法。这种方法比较简单实用。但施工项目多时，不一定能达到最优计划方案。其一般步骤是：先安排主导分部工程的施工进度，然后再将其余分部工程尽可能配合主导分部工程，最大限度地合理搭接起来，使其相互联系，形成施工进度计划的初步方案。

在主导分部工程中，应先安排主导施工项目的施工进度，力求其施工班组能连续施工，而其余施工项目尽可能与它配合、搭接或平行施工。

2. 按工艺组合组织流水施工的方法

这种方法是将某些在工艺上有关系的施工过程归并为一个工艺组合，组织各工艺组合内部的流水施工,然后将各工艺组合最大限度地搭接起来,组织分别流水。

(二) 网络图

1. 双代号网络图

用一个箭线表示一个施工过程,施工过程名称写在箭线上面,施工持续时间写在箭线下面,箭尾表示施工过程开始,箭头表示施工过程结束。在箭线的两端分别画一个圆圈作为节点,并在节点内进行编号,用箭尾节点号码 i 和箭头节点号码 j 作为这个施工过程的代号。

由于各施工过程均用两个代号表示,所以叫作双代号表示疗法。用这种表示方法把一项计划中的所有施工过程按先后顺序及其相互之间的逻辑关系,从左到右绘制成的网状图形,就叫作双代号网络图。用这种网络图表示的计划叫作双代号网络计划。

双代号网络图由箭线、节点和线路三个要素所组成,现将其含义和特性叙述如下。

(1) 箭线

①一个箭线表示一个施工过程(或一件工作)。箭线表示的施工过程可大可小。在总体(或控制性)网络计划中,箭线可表示一个单位工程或一个工程项目;在单位工程网络计刚中,一个箭线可表示一个分部工程(如基础工程、主体工程、装修工程等);在实施性网塔计划中,一个箭线可表示一个分项工程(如挖土、垫层、浇筑混凝土等)。

②每个施工过程的完成都要消耗一定的时间及资源。只消耗时间不消耗资源的混凝土养护、砂浆找平层干燥等技术间歇,如单独考虑时,也应作为一个施工过程来对待。各施工过程均用实箭线来表示。

③在双代号网络图中,为了正确表达施工过程的逻辑关系,有时必须使用一种虚箭线。虚箭线是既不消耗时间,也不消耗资源的一个虚拟的施工过程(称虚工作),一般不标注名称,持续时间为零。它在双代号网络图中起施工过程之间逻辑连接或逻辑断路作用。用虚箭线表示。

④箭线的长短不表示持续时间的长短(时标网络例外)。箭线的方向表示施工过程的进行方向,应保持自左向右的总方向。为使图形整齐,表示施工过程的箭线宜画成水平箭线或由水平线段和竖直线段组成的折线箭线。虚工作可画成水平的或竖直的虚箭线,也可画成折线形虚箭线。

⑤网络图中,凡是紧接于某施工过程箭线箭尾端的各过程,叫作该过程的"紧前过程";紧接于某施工过程箭头端的各过程,叫作该过程的"紧后过程"。

(2) 节点

在双代号网络图中，用圆圈表示的各箭线之间的连接点，称为节点。节点表示前面施工过程结束和后面施工过程开始的瞬间。

①节点的分类。网络图的节点有起点节点、终点节点、中间节点。网络图的第一个节点为起点节点，它表示一项计划（或工程）的开始。网络图的最后一个节点称为终点节点，它表示一项计划（或工程）的结束。其余节点都称为中间节点。任何一个中间节点既是其紧前各施工过程的结束节点，又是其紧后各施工过程的开始节点。

②节点的编号。网络图中的每一个节点都要编号。编号的顺序是：从起点节点开始，依次向终点节点进行。编号的原则是：每一个箭线的箭尾节点代号必须小于箭头节点代号 j（即 i<j）；所有节点的代号不能重复出现。

(3) 线路

从网络图的起点节点到终点节点，沿着箭线方向顺序通过一系列箭线与节点的通路，称为线路。网络图中的线路可依次用该线路上的节点代号来记述。网络图可有多条线路，每条不同的线路所需的时间之和往往各不相等，其中时间之和最大者称为"关键线路"，其余的线路为非关键线路。位于关键线路上的施工过程称为关键施工过程，这些施工过程的持续时间长短直接影响整个计划完成的时间。关键施工过程在网络图中通常用粗箭线或双箭线或彩色箭线表示。有时，在一个网络图中也可能出现几条关键线路，即这几条关键线路的施工持续时间相等。

2. 网络图的绘制

网络图的绘制是网络计划方法应用的关键。要正确绘制网络图，必须正确反映逻辑关系，遵守绘图的基本规则。

(1) 逻辑关系

逻辑关系是指网络计划中所表示的各个施工过程之间的先后顺序。这种顺序关系可划分为两大类：一类是施工工艺的关系，称为工艺逻辑；另一类是施工组织的关系，称为组织逻辑。

①工艺逻辑。工艺逻辑是由施工工艺所决定的各个施工过程之间客观上存在的先后顺序关系。对于一个具体的分布工程来说，当确定了施工方法以后，则该分部工程的各个施工过程的先后顺序一般是固定的，有的绝对不能颠倒。

②组织逻辑。组织逻辑是施工组织安排中，考虑劳动力、机具、材料或工期等影响，在各施工过程之间主观上安排的先后顺序关系。这种关系不受施工工艺的限制，不是工程性质本身决定的，而是在保证施工质量、安全和工期等前提下，可以人为安排的顺序关系。

(2) 绘图规则

①在一个网络图中，只允许有一个起点节点和一个终点节点。

②在网络图中，不允许出现循环回路，即不允许从一个节点出发，沿箭线方向再返回到原来的节点。

③在一个网络中，不允许出现同样编号的节点或箭线。

④在一个网络中，不允许出现一个代号代表一个施工过程。

⑤在网络图中，不允许出现无指向箭头或有双向箭头的连线。

⑥在网络图中，应尽量减少交叉箭线，当无法避免时，应采用过桥法或断线法表示。

⑦在网络图中，不允许出现没有箭尾节点的箭线和没有箭头节点的箭线。

⑧网络图必须按已定的逻辑关系绘制。

(3) 绘制步骤

①绘草图。绘出一张符合逻辑关系的网络图草图，其步骤是：首先画出从起点节点出发的所有箭线；接着从左至右依次绘出紧接其后的箭线，直至终点节点；最后检查网络图中各施工过程的逻辑关系。

②整理网络图。使网络图条理清楚、层次分明。

第三节 建筑工程项目进度计划的实施

一、建筑工程项目施工进度控制的对策

(一) 以进度计划为主

工程施工前，会用很长时间根据具体情况制定出一个合适的项目进度计划。这个项目进度计划是符合实际情况的，所以在进行施工的过程中，要按照进度计划为指导来进行工作。所以在施工过程中，不出现大的意外情况时，施工单位以及监理单位要以进度计划为主，积极配合项目的进展，为项目的建设做好一切的准备，保证项目能够按照计划进行。

(二) 建立健全组织保证体系

健全的组织保证体系是保证施工项目进度按照计划进行的基础，所以在一个建筑工程建设的开始，必须设立健全的组织体系，设立独立的管理部门，配备足够的人员，划分职责体系，避免出现由于管理层次过多而出现的责权不对等的状况出现，从而保证施工顺利进行。

（三）确定技术方案，确立进度指标

施工技术方案是施工进度顺利进行的保障，因为技术可以在很大程度上影响工作的进展，所以在项目的建设过程中们一定要考虑技术方案，并且根据确定的技术方案来确定进度指标，保证工程进度。

（四）对进度计划实施动态控制

对于实际的项目施工，静态的考核和控制作用甚微，对于施工进度控制最主要的是动态控制，根据实际情况做出适当的调整，通过动态审核，发现实际问题，根据实际问题分析解决，争取做到不影响工程进度。

（五）编制并优化项目进度计划

编制进度计划是为了在施工开始前，根据施工过程的实际情况和影响施工的因素提出一个适合项目进展的计划。而优化项目计划指的是对整个施工过程进行细分，将整个施工过程细分为无数个小过程，再将这些小过程分为一项又一项具体的工作，所有的工作都落实到这一些具体的工作中，这样就能保证施工按照计划进行，而且在进行这些工作的时候，都会简单易行，不至于影响工期。

（六）项目进度计划的检查

施工项目要想保证与进化进度相符，就必须进行项目进度的检查。检查方法分为很多种，譬如说列表法、曲线法等等，这些方法的宗旨就是找出实际施工中与计划不符的地方，进行对比分析，找出影响因素，针对影响因素提出解决办法。并且将这些解决办法应用到实际施工过程中，在检查分析，知道问题解决为止。

二、施工进度计划的实施

实施施工进度计划，要做好三项工作，即编制年、月、季、旬、周进度计划和施工任务书，通过班组实施；记录现场实际情况；调整控制进度计划。

（一）编制月、季、旬、周作业计划和施工任务书

施工组织设计中编制的施工进度计划，是按整个项目（或单位工程）编制的，也带有一定的控制性，但还不能满足施工作业的要求。实际作业时是按季、月、旬、周作业计划和施工任务书执行的。

作业计划除依据施工进度计划编制外，还应依据现场情况及季、月、旬、周的具体要求编制。计划以贯彻施工进度计划、明确当期任务及满足作业要求为前。

施工任务书是一份计划文件，也是一份核算文件，又是原始记录。它把作业计划下达到班组，并将计划执行与技术管理、质量管理、成本核算、原始记

录、资源管理等融合为一体。

施工任务书一般由工长根据计划要求、工程数量、定额标准、工艺标准、技术要求、质量标准、节约措施、安全措施等为依据进行编制。

任务书下达班组时，由工长进行交底。交底内容为：交任务、交操作规程、交施工方法、交质量、交安全、交定额、交节约措施、交材料使用、交施工计划、交奖罚要求等，做到任务明确，报酬预知，责任到人。

施工班组接到任务书后，应做好分工，安排完成，执行中要保质量，保进度，保安全，保节约，保工效高。任务完成后，班组自检，在确认已经完成后，向工长报请验收。工长验收时查数量、查质量、查安全、查用工、查节约，然后回收任务书，交作业队登记结算。

（二）做好施工记录、掌握现场施工实际情况

在施工中，如实记载每项工作的开始日期、工作进程和完成日期，记录每日完成数量，施工现场发生的情况，干扰因素的排除情况。可为计划实施的检查、分析、调整、总结供原始资料。

（三）落实跟踪控制进度计划

检查作业计划执行中的问题，找出原因，并采取措施解决；督促供应单位按进度要求供应资料；控制施工现场临时设施的使用；按计划进行作业条件准备；传达决策人员的决策意图。

三、施工进度计划的检查

（一）检查方法

施工进度的检查与进度计划的执行是融合在一起的。计划检查是对计划执行情况的总结，是施工进度调整和分析的依据。

进度计划的检查方法主要是对比法，即实际进度与计划进度对比，发现偏差，进行调整或修改计划。

1. 用横道计划检查

双线表示计划进度，在计划图上记录的单线表示实际进度。

2. 利用网络计划检查

①记录实际作业时间。例如，某项工作计划为8天，实际进度为7天。
②记录工作的开始时期和结束时期。
③标注已完成工作。可以在网络图上用特殊的符号、颜色记录其完成部分，如阴影部分为已完成部分。

3. 利用"香蕉"曲线进行检查

香蕉形曲线是由两条S形曲线组合成的闭合曲线。从S形曲线比较法中得

知,按某一时间开始的施工项目的进度计划,其计划实施过程中进行时间与累计完成工作量的关系都可以用一条S形曲线表示。一个施工项目的网络计划,在理论上总是分为最早和最迟两种开始与完成时间的。因此,一般情况下,任何一个施工项目的网络计划,都可以绘制出两条曲线:其一是计划以各项工作的最早开始时间安排进度而绘制的S形曲线,称为S曲线;其二是计划以各项工作的最迟开始时间安排进度而绘制的S形曲线,称为LS曲线。

两条S形曲线都是从计划的开始时刻开始和完成时刻结束,因此两条曲线是闭合的。一般情况,其余时刻ES曲线上的各点均落在LS曲线相应点的左侧,形成一个形如"香蕉"的曲线,故此称为香蕉形曲线。

在项目的实施中,进度控制的理想状况是任一时刻按实际进度描绘的点,应落在该香蕉形曲线的区域内。

(二)检查内容

根据不同需要可进行日检查或定期检查。检查的内容包括:①检查期内实际完成和累计完成工程量。②实际参加施工的人力、机械数量与计划数。③窝工人数、窝工机械台班数及其原因分析。④进度偏差情况。⑤进度管理情况。⑥影响进度的原因及分析

(三)检查报告

通过进度计划检查,项目经理部应向企业提月度工进度计划执行情况检查报告,其内容包括:①进度执行情况综合描述。②实际施工进程图。③工程变更对进度影响。④进度偏差的状况与导致偏差的原因分析。⑤解决问题的措施。⑥计划调整意见。

第四节 建筑工程项目进度计划的调整

一、施工进度计划的调整

(一)施工进度的调整内容

将正式进度计划报请有关部门审批后,即可组织实施。在计划执行过程中,由于资源、环境、自然条件等因素的影响,往往会造成实际进度与计划进度产生偏差,如果这种偏差不能及时纠正,必将影响进度目标的实现。因此,在计划执行过程中采取相应措施来进行管理,对保证计划目标的顺利实现具有重要意义。

施工进度计划的调整,以施工进度计划检查结果进行调整,调整的内容包

括：①施工内容。②工程量。③起止时间。④持续时间。⑤工作关系。⑥资源供应。

1. 调整内容

调整上述六项中之一项或多项，还可以将几项结合起来调整，例如，将工期与资源、工期与成本、工期资源及成本结合起来调整，只要能达到预期目标，调整越少越好。

2. 关键线路长度的调整方法

当关键线路的实际长度比计划长度提前时，首先要确定是否对原计划工期予以缩短。如果不缩短，可以利用这个机会降低资源强度或费用，方法是选择后续关键工作中资源占用量大的或直接费用高的予以延长，延长的长度不应超过已完成的关键工作提前的时间量。当关键线路的实际进度计划比计划进度落后时，计划调整的任务是采取措施把失去的时间抢回来。

3. 非关键路线时差的调整

时差调整的目的是更充分地利用资源，降低成本，满足施工需要，时差调整幅度不得大于计划总时差值。每次调整均需进行时间参数计算，从而观察这次调整对计划全局的影响。调整的方法有三种：在总时差范围内移动工作的起止时间，延长非关键工作的持续时间，缩短非关键工作的持续时间。运用三种方法的前提均是降低资源强度。

4. 增减工作项目

增减工作项目均不应打乱原网络计划总的逻辑关系。由于增减工作项目，只能改变局部的逻辑关系，此局部改变不影响总的逻辑关系。增加工作项目，只是对原遗漏或不具体的逻辑关系进行补充；减少工作项目，只是对提前完成了的工作项目或原不应设置的而设置了的工作项目予以删除。只有这样才是真正调整而不是"重编"。增减工作项目之后重新计算时间参数。

5. 逻辑关系调整

逻辑关系改变的原因必须是施工方法或组织方法改变。但一般说来只能调整组织关系，而工艺关系不宜调整，以免打乱原计划。调整逻辑关系是以不影响原定计划工期和其他工作的顺序为前提的。调整的结果绝对不应形成对原计划的否定。

6. 持续时间的调整

原计划有误或实现条件不充分时，方可调整。调整的方法是更新估算。

7. 资源调整

资源调整应在资源供应发生异常时进行。所谓异常，即因供应满足不了需要（中断或强度降低），影响了计划工期的实现。

（二）施工进度计划调整

在建筑工程项目进度实施过程中，一旦发现实际进度偏离计划进度，即出现进度偏差时，必须认真分析产生偏差的原因及其对后续工作和总工期的影响，要采取合理、有效的纠偏措施对进度计划进行调整，确保进度总目标的实现。

1. 分析进度偏差产生的原因

通过建筑工程项目实际进度与计划进度的比较，发现进度偏差时，为了采取有效的纠偏措施调整进度计划，必须进行深入而细致的调查，分析产生进度偏差的原因。

2. 分析进度偏差对后续工作和总工期的影响

当查明进度偏差产生的原因之后，要进一步分析进度偏差对后续工作和总工期的影响程度，以确定是否应采取措施进行纠偏。

3. 采取措施调整进度计划

采取纠偏措施调整进度计划，应以后续工作和总工期的限制条件为依据，确保要求的进度目标得到实现。

4. 实施调整后的进度计划

进度计划调整之后，应执行调整后的进度计划，并继续检查其执行情况，进行实际进度与计划进度的比较，不断循环此过程。

二、施工项目进度计划的总结

施工进度计划完成后，项目经理部要及时进行施工进度控制总结。

（一）施工进度计划控制总结的依据

①施工进度计划。

②施工进度计划执行的实际记录。

③施工进度计划检查结果。

④施工进度计划的调整资料。

（二）施工进度计划总结内容

施工进度计划总结内容包括：合同工期目标及计划工期目标完成情况，施工进度控制经验，施工进度控制中存在的问题及分析，科学的施工进度计划方法的应用情况，施工进度控制的改进意见。

1. 合同工期目标完成情况主要指标计算式

合同工期节约值＝合同工期－实际工期

指令工期节约值＝指令工期－实际工期

定额工期节约值＝定额工期－实际工期

计划工期提前率＝（计划工期－实际工期）/计划工期×100％

缩短工期的经济效益＝缩短一天产生的经济效益×缩短工期天数

分析缩短工期的原因，大致有以下几种：计划周密情况；执行情况；控制情况；协调情况；劳动效率。

2. 资源利用情况

所使用的指标计算式为：

单方用工＝总用工数/建筑面积

劳动力不均衡系数＝最高日用工数/平均日用工数

节约工日数＝计划用工工日－实际用工工日

主要材料节约量＝计划材料用量－实际材料用量

主要机械台班节约量＝计划主要机械台班数－实际主要机械台班数

主要大型机械节约率＝（各种大型机械计划费用之和实际费用之和）/各种大型机械计划费用之和×100％

资源节约大致原因有以下几种：计划积极可靠；资源优化效果好；按计划保证供应；认真制定并实施了节约措施；协调及时省力。

3. 成本情况

主要指标计算式为：

降低成本额＝计划成本－实际成本

降低成本率＝降低成本额/计划程本额×100％

节约成本的主要原因大致如下：计划积极可靠；成本优化效果好；认真制定并执行了节约成本措施；工期缩短；成本核算及成本分析工作效果好。

4. 施工进度控制经验

经验是指对成绩及其原因进行分析，为以后进度控制提供可借鉴的本质的、规律性的东西。分析进度控制的经验可以从以下几方面进行：

①编制什么样的进度计划才能取得较大效益。

②怎样优化计划更有实际意义。包括优化方法、目标、if售、电子计算机应用等。

③怎样调整与控制包撤记录检查、调整、修改、节约、统if♯措施。

④进度控制工作的创新。

5. 施工进度控制中存在问题及分析

施工进度控制目标没有实现，或在计划执行中存在缺陷。应对存在的问题进行分析，分析时可以定量计算，也可以定性地分析。对产生问题的原因也要从编制和执行计划中去找。

问题要找清，原因要查明，不能解释不清。遗留问题到下一控制循环中解决。

施工进度控制一般存在以下问题：工期拖后，资源浪费，成本浪费，计划变化太大等。

施工进度控制中出现上述问题的原因一般是：计划本身的原因，资源供应和使用中的原因，协调方面的原因，环境方面的原因。

6.施工进度控制的改进意见

对施工进度控制中存在的问题，进行总结，提出改进方法或意见，在以后的工程中加以应用。

三、施工项目进度计划的调整方法

在对实施的进度计划分析的基础上，应确定调整原计划的方法，一般主要有以下两种。

（一）改变某些工作之间的逻辑关系

若检查的实际施工进度产生的偏差影响了总工期，在工作之间的逻辑关系允许改变的条件下，改变关键线路和超过计划工期的非关键线路上的有关工作之间的逻辑关系，达到缩短工期的目的。用这种方法调整的效果是很显著的，例如，可以把依次进行的有关工作改作平行施工，或将工作划分成几个施工段组织流水施工，都可以达到缩短工期的目的。

（二）缩短某些工作的持续时间

这种方法是不改变工作之间的逻辑关系，而是通过采取增加资源投入、提高劳动效率等措施缩短某些工作的持续时间，从而使施工进度加快，并保证实现计划工期的方法。一般情况下，我们选取关键工作压缩其持续时间，这些工作又是可压缩持续时间的工作。这种方法实际上就是网络计划优化中的工期优化方法和费用优化方法。

第五章 建筑工程项目质量管理

第一节 建筑工程项目质量控制

一、建筑工程项目质量控制系统

(一)建筑工程项目质量控制系统的构成

建筑工程项目质量控制系统在实践中可能有多种名称,没有统一规定。常见的名称有"质量管理体系""质量控制体系""质量管理系统""质量控制网络""质量管理网络""质量保证系统"等。

1. 建筑工程项目质量控制系统的性质

建筑工程项目质量控制系统既不是建设单位的质量管理体系或质量保证体系,也不是工程承包企业的质量管理体系或质量保证体系,而是建筑工程项目目标控制的一个工作系统,具有下列性质。

①建筑工程项目质量控制系统是以建筑工程项目为对象,由工程项目实施的总组织者负责建立的面向对象开展质量控制的工作体系。

②建筑工程项目质量控制系统是建筑工程项目管理组织的一个目标控制体系,它与项目投资控制、进度控制、职业健康安全与环境管理等目标控制体系共同依托于同一项目管理的组织机构。

③建筑工程项目质量控制系统根据建筑工程项目管理的实际需要而建立,随着建筑工程项目的完成和项目管理组织的解体而消失,因此它是一个一次性的质量控制工作体系,不同于企业的质量管理体系。

2. 建筑工程项目质量控制系统的范围

建筑工程项目质量控制系统的范围包括按项目范围管理的要求列入系统控制的建筑工程项目构成范围,建筑工程项目实施的任务范围由建筑工程项目实施的全过程或若干阶段进行定义,建筑工程项目质量控制所涉及的责任主体范围。

（1）系统涉及的工程项目范围

系统涉及的工程项目范围一般根据项目的定义或工程承包合同来确定。具体来说可能有以下三种情况：工程项目范围内的全部工程，工程项目范围内的某一单项工程或标段工程，工程项目某单项工程范围内的一个单位工程。

（2）系统涉及的任务范围

工程项目质量控制系统服务于工程项目管理的目标控制，因此其质量控制的系统职能应贯穿项目的勘察、设计、采购、施工和竣工验收等各个实施环节，即工程项目全过程质量控制的任务或若干阶段承包的质量控制任务。工程项目质量控制系统所涉及的质量责任自控主体和质量监控主体，通常情况下包括建设单位、设计单位、工程总承包企业、施工企业、建设工程监理机构、材料设备供应厂商等。这些质量责任和控制主体在质量控制系统中的地位与作用不同。承担建设工程项目设计、施工或材料设备供货的单位负有直接的产品质量责任，属质量控制系统中的自控主体。在工程项目实施过程，对各质量责任主体的质量活动行为和活动结果实施监督控制的组织称为质量监控主体，如业主、工程项目监理机构等。

3. 建筑工程项目质量控制系统的结构

建筑工程项目质量控制系统，一般情况下为多层次、多单元的结构形态，这是由其实施任务的委托方式和合同结构所决定的。

（1）多层次结构

多层次结构是相对于建筑工程项目工程系统纵向垂直分解的单项、单位工程项目质量控制子系统。在大中型建筑工程项目，尤其是群体工程的建筑工程项目中，第一层面的工程项目质量控制系统应由建设单位的建筑工程项目管理机构负责建立，在委托代建、委托项目管理或实行交钥匙式工程项目总承包的情况下，应由相应的代建方工程项目管理机构、受托工程项目管理机构或工程总承包企业项目管理机构负责建立；第二层面的建筑工程项目质量控制系统通常是指由建筑工程项目的设计总负责单位、施工总承包单位等建立的相应管理范围内的质量控制系统；第三层面及其以下是承担工程设计、施工安装、材料设备供应等各承包单位现场的质量自控系统，或称各自的施工质量保证体系。系统纵向层次机构的合理性是建筑工程项目质量目标、控制责任和措施分解落实的重要保证。

（2）多单元结构

多单元结构是指在建筑工程项目质量控制总体系统下，第二层面的质量控制系统及其以下的质量自控或保证体系可能有多个。这是建筑工程项目质量目标、责任和措施分解的必然结果。

4. 建筑工程项目质量控制系统的特点

建筑工程项目质量控制系统是面向对象而建立的质量控制工作体系，它和建筑企业或其他组织机构的质量管理体系有如下的不同点。

（1）建立的目的不同

建筑工程项目质量控制系统只用于特定的建筑工程项目质量控制，而不是用于建筑企业或组织的质量管理，即建立的目的不同。

（2）服务的范围不同

建筑工程项目质量控制系统涉及建筑工程项目实施过程所有的质量责任主体，而不只是某一个承包企业或组织机构，即服务的范围不同。

（3）控制的目标不同

建筑工程项目质量控制系统的控制目标是建筑工程项目的质量标准，并非某一具体建筑企业或组织的质量管理目标，即控制的目标不同。

（4）作用的时效不同

建筑工程项目质量控制系统与建筑工程项目管理组织系统相融合，是一次性的质量工作系统，并非永久性的质量管理体系，即作用的时效不同。

（5）评价的方式不同

建筑工程项目质量控制系统的有效性一般由建筑工程项目管理，由组织者进行自我评价与诊断，不需进行第三方认证，即评价的方式不同。

（二）建筑工程项目质量控制系统的建立

建筑工程项目质量控制系统的建立，实际上就是建筑工程项目质量总目标的确定和分解过程，也是建筑工程项目各参与方之间质量管理关系和控制责任的确立过程。为了保证质量控制系统的科学性和有效性，必须明确系统建立的原则、内容、程序和主体。

1. 建立的原则

实践经验表明，建筑工程项目质量控制系统的建立应遵循以下原则，这些原则对质量目标的总体规划、分解和有效实施控制有着非常重要的作用。

（1）分层次规划的原则

建筑工程项目质量控制系统的分层次规划，是指建筑工程项目管理的总组织者（建设单位或项目代建企业）和承担项目实施任务的各参与单位，分别进行建筑工程项目质量控制系统不同层次和范围的规划。

（2）总目标分解的原则

建筑工程项目质量控制系统的总目标分解，是根据控制系统内建筑工程项目的分解结构将建筑工程项目的建设标准和质量总体目标分解到各个责任主体，明示合同条件，由各责任主体制订相应的质量计划，确定其具体的控制方式和控制措施。

（3）质量责任制的原则

建筑工程项目质量控制系统的建立应按照《中华人民共和国建筑法》和《建设工程质量管理条例》中有关工程质量责任的规定，界定各方的质量责任范围和控制要求。

（4）系统有效性的原则

建筑工程项目质量控制系统应从实际出发，结合项目特点、合同结构和项目管理组织系统的构成情况，建立项目各参与方共同遵循的质量管理制度和控制措施，形成有效的运行机制。

2.建立的程序

建筑工程项目质量控制系统的建立一般可按以下环节依次展开工作。

（1）确立质量控制网络系统

先明确系统各层面的建筑工程项目质量控制负责人，一般应包括承担建筑工程项目实施任务的项目经理（或工程负责人）、总工程师、项目监理机构的总监理工程师、专业监理工程师等，以形成明确的建筑工程项目质量控制责任者的关系网络架构。

（2）制定质量控制制度系统

建筑工程项目质量控制制度包括质量控制例会制度、协调制度、报告审批制度、质量验收制度和质量信息管理制度等。这些制度应做成建筑工程项目质量控制制度系统的管理文件或手册，作为承担建筑工程项目实施任务各方主体共同遵循的管理依据。

（3）分析质量控制界面系统

建筑工程项目质量控制系统的质量责任界面包括静态界面和动态界面。静态界面根据法律法规、合同条件、组织内部职能分工来确定。动态界面是指项目实施过程中设计单位之间、施工单位之间、设计与施工单位之间的衔接配合及其责任划分，这必须通过分析研究，确定管理原则与协调方式。

（4）编制质量控制计划系统

建筑工程项目管理总组织者负责主持编制建筑工程项目的总质量计划，并根据质量控制系统的要求，部署各质量责任主体编制与其承担任务范围相符的质量控制计划，并按规定程序完成质量计划的审批，作为其实施自身工程质量控制的依据。

3.建立的主体

按照建筑工程项目质量控制系统的性质、范围和主体的构成，一般情况下，其质量控制系统应由建设单位或建筑工程项目总承包企业的建筑工程项目管理机构负责建立。在分阶段依次对勘察、设计、施工、安装等任务进行分别招标发包的情况下，通常应由建设单位或其委托的建筑工程项目管理企业负责建立建筑工程质量控制系统，各承包企业根据建筑工程项目质量控制系统的要求，建立隶属于建筑工程项目质量控制系统的设计项目、工程项目、采购供应项目等质量控制子系统，以具体实施其质量责任范围内的质量管理和目标控制。

（三）建筑工程项目质量控制系统的运行

建筑工程项目质量控制系统的建立，为建筑工程项目的质量控制提供了组织制度方面的保证。建筑工程项目质量控制系统的运行，实质上就是系统功能的发挥过程，也是质量活动职能和效果的控制过程。然而，建筑工程项目质量控制系统要能有效地运行，还依赖于系统内部的运行环境和运行机制的完善。

1. 运行环境

建筑工程项目质量控制系统的运行环境主要是以下述几个方面为系统运行提供支持的管理关系、组织制度和资源配置的条件。

（1）工程合同的结构

工程合同是联系建筑工程项目各参与方的纽带，只有在建筑工程项目合同结构合理、质量标准和责任条款明确，并严格进行履约管理的条件下，建筑工程项目质量控制系统的运行才能成为各方的自觉行动。

（2）质量管理的资源配置

质量管理的资源配置包括专职的工程技术人员和质量管理人员的配置，实施技术管理和质量管理所必需的设备、设施、器具、软件等物质资源的配置。人员和资源的合理配置是建筑工程项目质量控制系统得以运行的基础条件。

（3）质量管理的组织制度

建筑工程项目质量控制系统内部的各项管理制度和程序性文件的建立为建筑工程项目质量控制系统各个环节的运行提供了必要的行动指南、行为准则和评价基准的依据，是系统有序运行的基本保证。

2. 运行机制

建筑工程项目质量控制系统的运行机制，是由一系列质量管理制度安排所形成的内在能力。运行机制是建筑工程项目质量控制系统的生命线，机制缺陷是造成系统运行无序、失效和失控的重要原因。因此，在设计系统内部的管理制度时，必须予以高度的重视，防止重要管理制度缺失、制度本身缺陷、制度之间矛盾等现象的出现，才能为系统的运行注入动力机制、约束机制、反馈机制和持续改进机制。

（1）动力机制

动力机制是建筑工程项目质量控制系统运行的核心机制，它来源于公正、公开、公平的竞争机制和利益机制的制度设计或安排。这是因为建筑工程项目的实施过程是由多主体参与的价值增值链，只有保持合理的供方及分供方等各方关系，才能形成合力，这是建筑工程项目成功的重要保证。

（2）约束机制

没有约束机制的控制系统是无法使建筑工程项目质量处于受控状态的，约束机制取决于各主体内部的自我约束能力和外部的监控效力。约束能力表现为组织及个人的经营理念、质量意识、职业道德及技术能力的发挥；监控效力取决于建筑工程项目实施主体外部对质量工作的推动、检查和监督。二者相辅相成，构成了建筑工程项目质量控制过程的制衡关系。

（3）反馈机制

运行状态和结果的信息反馈是对建筑工程项目质量控制系统的能力和运行效果进行评价，并及时做出处置和提供决策的依据，因此必须有相关的制度安排。保证质量信息反馈的及时和准确，坚持质量管理者深入第一生产线，掌握第一手资料，才能形成有效的质量信息反馈机制。

（4）持续改进机制

在工程项目实施的各个阶段，不同的层面，不同的范围和不同的主体之间，应使用PDCA循环原理，即以计划、实施、检查和处置的方式开展建筑工程项目质量控制，同时必须注重抓好控制点的设置，加强重点控制和例外控制，并不断寻求改进机会、研究改进措施。这样才能保证建筑工程项目质量控制系统的不断完善和持续改进，不断提高建筑工程项目质量控制能力和控制水平。

二、建筑工程项目施工的质量控制

（一）建筑工程项目施工阶段的质量控制目标

建筑工程项目施工阶段是根据建筑工程项目设计文件和施工图纸的要求，通过施工形成工程实体的阶段，所制订的施工质量计划及相应的质量控制措施都是在这一阶段形成实体的质量或实现质量控制的结果。因此，建筑工程项目施工阶段的质量控制是建筑工程项目质量控制的最后形成阶段，因而对保证建筑工程项目的最终质量具有重大意义。

1. 建筑工程项目施工的质量控制内容划分

建筑工程项目施工的质量控制从不同的角度来描述，可以划分为不同的类型。企业可根据自己的侧重点不同采用适合自己的划分方法，主要有以下四种划分方法。

①按建筑工程项目施工质量管理主体的不同划分，分为建设方的质量控制、施工方的质量控制和监理方的质量控制等。

②按建筑工程项目施工阶段的不同划分，分为施工准备阶段质量控制、施工阶段质量控制和竣工验收阶段质量控制等。

③按建筑工程项目施工的分部工程划分，分为地基与基础工程的质量控制、主体结构工程的质量控制、屋面工程的质量控制、安装（含给水、排水、采暖、电气、智能建筑、通风与空调、电梯等）工程的质量控制和装饰装修工程的质量控制等。

④按建筑工程项目施工要素划分，分为材料因素的质量控制、人员因素的质量控制、设备因素的质量控制、方案因素的质量控制和环境因素的质量控制等。

2. 建筑工程项目施工的质量控制目标

建筑工程项目施工阶段的质量控制目标可分为施工质量控制总目标、建设单位的质量控制目标、设计单位施工阶段的质量控制目标、施工单位的质量控制目标、监理单位的施工质量控制目标等。

（1）施工质量控制总目标

施工质量控制总目标是对建筑工程项目施工阶段的总体质量要求，也是建筑工程项目各参与方一致的责任和目标，使建筑工程项目满足有关的质量法规和标准、正确配置施工生产要素、采用科学管理的方法，实现建筑工程项目预期的使用功能和质量标准。

（2）建设单位的施工质量控制目标

建设单位的施工质量控制目标是通过对施工阶段全过程的全面质量监督管理、协调和决策，保证竣工验收项目达到投资决策时所确定的质量标准。

（3）设计单位施工阶段的质量控制目标

设计单位施工阶段的质量控制目标是通过对施工质量的验收签证、设计变更控制及纠正施工中所发现的设计问题，采纳变更设计的合理化建议等，保证竣工验收项目的各项施工结果与最终设计文件所规定的标准一致。

（4）施工单位的质量控制目标

施工单位的质量控制目标是通过施工全过程的全面质量自控，保证交付满足施工合同及设计文件所规定的质量标准，包括工程质量创优标准。

（5）监理单位的施工质量控制

监理单位在施工阶段的质量控制目标是通过审核施工质量文件、报告报表及现场旁站检查、平行检测、施工指令和结算支付控制等手段，监控施工承包单位的质量活动行为，协调施工关系，正确履行建筑工程项目质量的监督责任，以保证建筑工程项目质量达到施工合同和设计文件所规定的质量标准。

3.建筑工程项目施工质量持续改进的理念

持续改进是指增强满足要求的能力的循环活动。它阐明组织为了改进其整体业绩，应不断改进产品质量，提高质量管理体系及过程的有效性和效率。对建筑工程项目来说，由于其属于一次性活动，面临的经济、环境条件在不断地变化，技术水平也日新月异，因此建筑工程项目的质量要求也需要持续提高，持续改进是永无止境的。

在建筑工程项目施工阶段，质量控制的持续改进必须是主动、有计划和系统地进行的，要做到积极、主动。首先需要树立建筑工程项目施工质量持续改进的理念，才能在行动中把持续改进变成自觉的行为；其次要有永恒的决心，坚持不懈；最后要关注改进的结果，持续改进应保证的是更有效、更完善的结果，改进的结果还应能在建筑工程项目的下一个工程质量循环活动中得到应用。概括来说，建筑工程项目施工质量持续改进的理念包括了渐进过程、主动过程、系统过程和有效过程四个过程。

（二）建筑工程项目施工生产要素的质量控制

影响建筑工程项目质量控制的因素主要包括劳动主体/人员（man）、劳动对象/材料（material）、劳动手段/机械设备（machine）、劳动方法/施工方法（method）和施工环境（environment）五大生产要素。在建筑工程项目施工过程中，应事前对这五个方面严加控制。

1.劳动主体/人员

人员是指施工活动的组织者、领导者及直接参与施工作业活动的具体操作人员。人员因素的控制就是对上述人员的各种行为进行控制。人员因素的控制方法如下。

（1）充分调动人员的积极性，发挥人的主导作用

作为控制的对象，应避免人员在工作中的失误；作为控制的动力，应充分调动人员的积极性，发挥人员的主导作用。

（2）提高人员的工作质量

人员的工作质量是建筑工程项目质量的一个重要组成部分，只有首先提高人员的工作质量，才能确保工程质量。提高人员工作质量的关键在于提高人员的素质。人员的素质包括思想觉悟、技术水平、文化修养、心理行为、质量意识、身体条件等方面。要提高人员的素质就要加强思想政治教育、劳动纪律教育、职业道德教育、专业技术培训等。

（3）建立相应的机制

在施工过程中，应尽量改善劳动作业条件，建立健全岗位责任制、技术交底、隐蔽工程检查验收、工序交接检查等的规章制度，运用公平合理、按劳取酬的人力管理机制激励工人的劳动热情。

（4）根据工程实际特点合理用人，严格执行持证上岗制度

结合工程具体特点，从确保工程质量的需要出发，从人员的技术水平、人员的生理缺陷、人员的心理行为、人员的错误行为等方面来控制人员的合理使用。例如，对技术复杂、难度大、精度高的工序或操作，应要求由技术熟练、经验丰富的施工人员来完成；而反应迟钝、应变能力较差的人，则不宜安排其操作快速、动作复杂的机械设备；对某些要求必须做到万无一失的工序或操作，则一定要分析人员的心理行为，控制人员的思想活动，稳定人员的情绪；对于具有危险的现场作业，应控制人员的错误行为。

此外，在建筑工程项目质量管理过程中，对施工操作者的控制应严格执行持证上岗制度。无技术资格证书的人不允许进入施工现场从事施工活动；对不懂装懂、图省事、碰运气、有意违章的行为必须及时进行制止。

2. 劳动对象/材料

材料是指在建筑工程项目建设中所使用的原材料、成品、半成品、构配件等，是建筑工程施工的物质保证条件。

（1）材料质量控制规定

项目经理部应在质量计划确定的合格材料供应人名录中，按计划招标采购原材料、成品、半成品和构配件。

材料的搬运和储存应按搬运储存规定进行，并应建立台账。

项目经理部应对材料、半成品和构配件进行标识。

未经检验和已经检验为不合格的材料、半成品和构配件等，不得投入使用。

对发包人提供的材料、半成品、构配件等，必须按规定进行检验和验收。监理工程师应对承包人自行采购的材料进行验证。

（2）材料的质量控制方法

材料质量是形成建筑工程项目实体质量的基础，如果使用的材料不合格，工程的质量也一定不达标。加强材料的质量控制是保证和提高工程质量的重要保障，是控制工程质量影响因素的有效措施。材料的质量控制包括材料采购、运输，材料检验，材料储存及使用等。

组织材料采购应根据工程特点、施工合同、材料的适用范围、材料的性能要求和价格因素等进行综合考虑。材料采购应根据施工进度计划要求适当提前

安排，施工承包企业应根据市场材料信息及材料样品对厂家进行实地考察，同时施工承包企业在进行材料采购时应特别注意将质量条款明确写入材料采购合同。

材料质量检验的目的是通过一系列的检测手段，将所取得的材料数据与材料质量标准进行对比，以便事先判断材料质量的可靠性，再据此决定能否将其用于工程实体中。

合理安排材料的仓储保管与使用保管，在材料检验合格后和使用前，必须做好仓储保管和使用保管，以免因材料变质或误用而严重影响工程质量或造成质量事故。例如，因保管不当造成水泥受潮、钢筋锈蚀，使用不当造成不同直径钢筋混用等。

因此，做好材料保管和使用管理应从以下两个方面进行：施工承包企业应合理调度，做到现场材料不大量积压；切实做好材料使用管理工作，做到不同规格品种材料分类堆放，实行挂牌标志；必要时应设专人监督检查，以避免材料混用或把不合格材料用于建筑工程项目实体中。

3. 劳动手段/机械设备

机械设备包括施工机械设备和生产工艺设备。

（1）机械设备质量控制规定

应按设备进场计划进行施工设备的准备；现场的施工机械应满足施工需要；应对机械设备操作人员的资格进行确认，无证或资格不符合者，严禁上岗。

（2）施工机械设备的质量控制

施工机械设备是实现施工机械化的重要物质基础，是现代化施工中必不可少的设备，对建筑工程项目的质量、进度和投资均有直接影响。机械设备质量控制的根本目标就是实现设备类型、性能参数、使用效果与现场条件、施工工艺、组织管理等因素相匹配，并始终使机械保持良好的使用状态。因此，施工机械设备的选用必须结合施工现场条件、施工方法工艺、施工组织和管理等各种因素综合考虑。施工机械设备的质量控制包括以下几点。

①施工机械设备的选型。施工机械设备型号的选择应本着因地制宜、因工程制宜、满足需要的原则，既要考虑到施工的适用性、技术的先进性、操作的方便性、使用的安全性，又要考虑到保证施工质量的可靠性和经济性。例如，在选择挖土机时，应根据土的种类及挖土机的适用范围进行选择。

②施工机械设备的主要机械性能参数。机械性能参数是选择机械设备的基本依据。在施工机械选择时，应根据性能参数结合工程项目的特点、施工条件和已确定的型号具体进行。例如。起重机械的选择，其性能参数（如起重量、

起重高度和起重半径等）必须满足工程的要求，才能保证施工的正常进行。

③施工机械设备的使用操作要求。合理使用机械设备，正确操作是确保工程质量的重要环节。在使用机械设备时应贯彻"三定"和"五好"原则，即"定机、定人、定岗位责任"和"完成任务好、技术状况好、使用好、保养好、安全好"。

(3) 生产机械设备的质量控制

生产机械设备的质量控制主要控制设备的检查验收、设备的安装质量和设备的试车运转等。其具体工作包括按设计选择设备；设备进厂后，应按设备名称、型号、规格、数量和清单对照，逐一检查验收；设备安装应符合技术要求和质量标准；设备的试车运转能正常投入使用等。

因此，对于生产机械设备的检查主要包括以下几个方面。

①对整体装运的新购机械设备应进行运输质量及供货情况的检查，例如，对有包装的设备，应检查包装是否受损；对无包装的设备，应进行外观的检查及附件、备品的清点；对进口设备，必须进行开箱全面检查，若发现问题应详细记录或照相，并及时处理。

②对解体装运的自组装设备，在对总部件及随机附件、备品进行外观检查后，应尽快进行现场组装、检测试验。

③在工地交货的生产机械设备，一般都由设备厂家在工地进行组装、调试和生产性试验，自检合格后才提请订货单位复检，待复检合格后，才能签署验收证明。

④对调拨旧设备的测试验收，应基本达到完好设备的标准。

⑤对于永久性和长期性的设备改造项目，应按原批准方案的性能要求，经一定的生产实践考验，并经鉴定合格后才予验收。

⑥对于自制设备，在经过六个月生产考验后，按试验大纲的性能指标测试验收，绝不允许擅自降低标准。

4. 劳动方法/施工方法

广义的施工方法控制是指，对施工承包企业为完成项目施工过程而采取的施工方案、施工工艺、施工组织设计、施工技术措施、质量检测手段和施工程序安排等所进行的控制。狭义的施工方法控制是指对施工方案的控制。施工方案直接影响建筑工程项目的质量、进度和投资。因此，施工方案的选择必须结合工程实际，从技术、组织、经济、管理等方面出发，做到能解决工程难题，技术可行，经济合理，加快进度，降低成本，提高工程质量。它具体包括确定施工起点流向、确定施工程序、确定施工顺序、确定施工工艺和施工环境等。

5. 施工环境

影响施工质量的环境因素较多，主要有以下几点。

①自然环境，包括气温、雨、雪、雷、电、风等。

②工程技术环境，包括工程地质、水文、地形、地震、地下水位、地表水等。

③工程管理环境，包括质量保证体系和质量管理工作制度等。

④劳动作业环境，包括劳动组合、作业场所作业面等，以及前道工序为后道工序提供的操作环境。

⑤经济环境，包括地质资源条件、交通运输条件、供水供电条件等。

环境因素对施工质量的影响有复杂、多变的特点，具体问题必须具体分析。如气象条件变化无穷，温度、湿度、酷暑、严寒等都直接影响工程质量；又如前一道工序是后一道工序的环境，前一分项工程、分部工程就是后一分项工程、分部工程的环境。因此，对工程施工环境应结合工程特点和具体条件严加控制。尤其是施工现场，应建立文明施工和文明生产的环境，保持材料堆放整齐、道路畅通、工作环境清洁、施工顺序井井有条，为确保质量、安全创造一个良好的施工环境。

第二节 建筑工程项目质量验收监督及体系标准

一、建筑工程项目质量验收

（一）施工过程质量验收

建筑工程项目质量验收是对已完工的工程实体的外观质量及内在质量按规定程序检查后，确认其是否符合设计及各项验收标准的要求，是否可交付使用的一个重要环节。正确地进行建筑工程项目质量的检查评定和验收，是保证工程质量的重要手段。

鉴于工程施工规模较大、专业分工较多、技术安全要求高等特点，国家相关行政管理部门对各类工程项目的质量验收标准制定了相应的规范，以保证工程验收的质量，工程验收应严格执行规范的要求和标准。

1. 施工质量验收的概念

建筑工程项目质量的评定验收是对建筑工程项目整体而言的。建筑工程项目质量的等级分为"合格"和"优良"，凡不合格的项目不予验收；凡验收通过的项目，必有等级的评定。因此，对建筑工程项目整体的质量验收可称为建筑工程项目质量的评定验收，或简称工程质量验收。

工程质量验收可分为过程验收和竣工验收两种。过程验收可分为两种类型：按项目阶段划分，如勘察设计质量验收、施工质量验收；按项目构成划分，如单位工程、分部工程、分项工程和检验批四个层次的验收。其中，检验批是指施工过程中条件相同并含有一定数量材料、构配件或安装项目的施工内容，由于其质量基本均匀一致，所以可作为检验的基础单位，并按批验收。与检验批有关的另一个概念是主控项目和一般检验项目。其中，主控项目是指对检验批的基本质量起决定性影响的检验项目，一般项目检验是除主控项目以外的其他检验项目。

施工质量验收指对已完工的工程实体的外观质量及内在质量按规定程序检查后，确认其是否符合设计及各项验收标准要求的质量控制过程，也是确认工程项目是否可交付使用的一个重要环节。正确地进行工程施工质量的检查评定和验收，是保证建筑工程项目质量的重要手段。

施工质量验收属于过程验收，其程序包括以下几点：施工过程中的隐蔽工程在隐蔽前通知建设单位（或工程监理）进行验收，并形成验收文件；分部分项施工完成后应在施工单位自行验收合格后，通知建设单位（或工程监理）验收，重要的分部分项应请设计单位参加验收；单位工程完工后，施工单位应自行组织检查、评定，符合验收标准后，向建设单位提交验收申请；建设单位收到验收申请后，应组织施工、勘察、设计、监理单位等方面人员进行单位工程验收，明确验收结果，并形成验收报告；按国家现行管理制度，房屋建筑工程及市政基础设施工程验收合格后，还需在规定时间内将验收文件报政府管理部门备案。

2. 施工过程质量验收的内容

施工过程的质量验收包括以下验收环节，各环节通过验收后留下完整的质量验收记录和资料，为工程项目竣工质量验收提供依据。

（1）检验批质量验收

所谓检验批是指按同一的生产条件或按规定的方式汇总起来供检验用的。对于由一定数量样品组成的检验体，检验批可根据施工及质量控制和专业验收需要按楼层、施工段、变形缝等进行划分。

（2）分项工程质量验收

分项工程应按主要工种、材料、施工工艺、设备类别等进行划分。分项工程可由一个或若干检验批组成。

分项工程应由监理工程师（或建设单位项目技术负责人）组织施工单位项目专业质量（技术）负责人进行验收。

分项工程质量验收合格应符合下列规定：分项工程所含的检验批均应符合合格质量的规定，分项工程所含的检验批的质量验收记录应完整。

（3）分部工程质量验收

当分部工程较大或较复杂时，可按材料种类、施工特点、施工程序、专业系统及类别等分为若干子分部工程。

分部工程应由总监理工程师（或建设单位项目负责人）组织施工单位项目负责人和技术、质量负责人等进行验收；地基与基础、主体结构分部工程的勘察、设计单位工程项目负责人和施工单位技术、质量部门负责人也应参加相关分部工程验收。

分部（子分部）工程质量验收合格应符合下列规定：所含分项工程的质量均应验收合格，质量控制资料应完整，地基与基础、主体结构和设备安装等分部工程有关安全及功能的检验和抽样检测结果应符合有关规定，观感质量验收应符合要求。

（二）工程项目竣工质量验收

1. 工程项目竣工质量验收的要求

单位工程是工程项目竣工质量验收的基本对象，也是工程项目投入使用前的最后一次验收，其重要性不言而喻。应按下列要求进行竣工质量验收：工程施工质量应符合各类工程质量统一验收标准和相关专业验收规范的规定；工程施工质量应符合工程勘察、设计文件的要求；参加工程施工质量验收的各方人员应具备规定的资格；工程施工质量的验收均应在施工单位自行检查评定的基础上进行；隐蔽工程在隐蔽前应由施工单位通知有关单位进行验收，并应形成验收文件；涉及结构安全的试块、试件以及有关材料，应按规定进行见证取样检测；检验批的质量应按主控项目、一般项目验收；对涉及结构安全和功能的重要分部工程应进行抽样检测；承担见证取样检测及有关结构安全检测的单位应具有相应资质；工程的观感质量应由验收人员通过现场检查共同确认。

2. 工程项目竣工质量验收的程序

承发包人之间所进行的建筑工程项目竣工验收，通常经过验收准备、初步验收和正式验收三个环节进行。整个验收过程涉及建设单位、设计单位、监理单位及施工总分包各方的工作，必须按照建筑工程项目质量控制系统的职能分工，以监理工程师为核心进行竣工验收的组织协调。

（1）竣工验收准备

施工单位按照合同规定的施工范围和质量标准完成施工任务后，经质量自检合格后，向现场监理机构（或建设单位）提交工程项目竣工申请报告，要求组织工程项目竣工验收。施工单位的竣工验收准备包括工程实体的验收准备和相关工程档案资料的验收准备,使之达到竣工验收的要求,其中设备及管道安装工程等应经过试压、试车和系统联动试运行,并具备相应的检查记录。

(2) 竣工预验收

监理机构收到施工单位的工程竣工申请报告后,应就验收的准备情况和验收条件进行检查;对工程实体质量及档案资料存在的缺陷,应及时提出整改意见,并与施工单位协商整改清单,确定整改要求和完成时间。

工程竣工验收应具备下列条件:完成工程设计和合同约定的各项内容,有完整的技术档案和施工管理资料,有工程使用的主要建筑材料、构配件和设备的进场试验报告,有工程勘察、设计、施工、工程监理等单位分别签署的质量合格文件,有施工单位签署的工程保修书。

(3) 正式竣工验收

①当竣工预验收检查结果符合竣工验收要求时,监理工程师应将施工单位的竣工申请报告报送建设单位,着手组织勘察、设计、施工、监理等单位和其他方面的专家组成竣工验收小组并制订验收方案。

②建设单位应在工程竣工验收前7个工作日将验收时间、地点验收组名单通知该工程的工程质量监督机构,建设单位组织竣工验收会议。正式竣工验收过程的主要工作如下。

第一,建设、勘察、设计、施工、监理单位分别汇报工程合同履约情况及工程施工各环节是否满足设计要求,质量是否符合法律、法规和强制性标准。

第二,检查审核设计、勘察、施工、监理单位的工程档案资料及质量验收资料。

第三,实地检查工程外观质量,对工程的使用功能进行抽查。

第四,对工程施工质量管理各环节工作、工程实体质量及质保资料进行全面评价,形成经验收组人员共同确认签署的工程竣工验收意见。

第五,竣工验收合格,建设单位应及时提出工程竣工验收报告。验收报告还应附有工程施工许可证、设计文件审查意见、质量检测功能性试验资料、工程质量保修书等法规所规定的其他文件。

第六,工程质量监督机构应对工程竣工验收工作进行监督。

(三) 工程竣工验收备案

建设单位应当自工程竣工验收合格之日起15日内,将工程竣工验收报告和规划以及公安消防、环保等部门出具的认可文件或准许使用文件报建设行政主管部门或者其他相关部门备案。

备案部门在收到备案文件资料后的15日内,对文件资料进行审查,对于符合要求的工程,在验收备案表上加盖"竣工验收备案专用章",并将一份退回建设单位存档；如审查中发现建设单位在竣工验收过程中有违反国家有关建设工程质量管理规定行为的，责令停止使用，重新组织竣工验收。

二、建筑工程项目质量的政府监督

（一）建筑工程项目质量的政府监督的职能

各级政府质量监督机构对工程质量监督的依据是国家、地方和各专业建设管理部门颁发的法律、法规及各类规范和强制性标准，其监督的职能包括以下两大方面。

①监督工程建设的各方主体（包括建设单位施工单位、材料设备供应单位、设计勘察单位和监理单位等）的质量行为是否符合国家法律法规及各项制度的规定，以及查处违法违规行为和质量事故。

②监督检查工程实体的施工质量，尤其是地基基础、主体结构、专业设备安装等涉及结构安全和使用功能的施工质量。

（二）建筑工程项目质量的政府监督的内容

政府对建筑工程质量的监督管理以施工许可制度和竣工验收备案制度为主要手段。

1. 受理质量监督申报

在建筑工程项目开工前，政府质量监督机构在受理工程质量监督的申报手续时，对建设单位提供的文件资料进行审查，审查合格后签发有关质量监督文件。

2. 开工前的质量监督

开工前，召开项目参与各方参加首次的监督会议，公布监督方案，提出监督要求，并进行第一次监督检查。监督检查的主要内容为建筑工程项目质量控制系统及各施工方的质量保证体系是否已经建立，以及完善的程度。具体内容如下：检查项目各施工方的质保体系，包括组织机构、质量控制方案及质量责任制等制度；审查施工组织设计、监理规划等文件及审批手续；检查项目各参与方的营业执照、资质证书及有关人员的资格证书；记录保存检查的结果。

3. 施工期间的质量监督

在建筑工程项目施工期间，质量监督机构按照监督方案对建筑工程项目施工情况进行不定期的检查。其中，在基础和结构阶段，每月安排监督检查，具体检查内容为工程参与各方的质量行为及质量责任制的履行情况、工程实体质量、质保资料的状况等。

对建筑工程项目结构主要部位（如桩基、基础、主体结构等）除了常规检查外，还应在分部工程验收时要求建设单位将施工、设计、监理分别签字验收,并将质量验收证明在验收后 3 天内报监督机构备案。

对施工过程中发生的质量问题、质量事故进行查处;根据质量检查状况,对查实的问题签发"质量问题整改通知单"或"局部暂停施工指令单",对问题严重的单位也可根据问题情况发出"临时收缴资质证书通知书"等处理意见。

4. 竣工阶段的质量监督

政府工程质量监督机构按规定对工程竣工验收备案工作实施监督。

①做好竣工验收前的质量复查。对质量监督检查中提出质量问题的整改情况进行复查,了解其整改情况。

②参与竣工验收会议。对竣工工程的质量验收程序、验收组织与方法、验收过程等进行监督。

③编制单位工程质量监督报告。工程质量监督报告作为竣工验收资料的组成部分,提交竣工验收备案部门。

④建立工程质量监督档案。工程质量监督档案按单位工程建立;要求及时归档,需资料、记录等各类文件齐全,经监督机构负责人签字后归档,并按规定年限保存。

三、施工企业质量管理体系标准

(一) 质量管理体系八项原则

1. 以顾客为关注焦点

组织依存于顾客,因此,组织应当理解顾客当前和未来的需求,以满足顾客的要求并争取超越顾客的期望。组织在贯彻这一原则时应采取的措施包括通过市场调查研究或访问等方式,准确详细地了解顾客当前或未来的需要和期望,并将其作为设计开发和质量改进的依据;将顾客和其他利益相关方的需要和愿望按照规定的渠道和方法,在组织内部完整而准确地传递和沟通;组织在设计开发和生产经营过程中,按规定的方法衡量顾客的满意程度,以便针对顾客的不满意因素采取相应的措施。

2. 领导作用

领导者应确立组织统一的宗旨及方针,应当创造并保持使员工能充分参与实现组织目标的内部环境。领导作用是指最高管理者具有决策和领导一个组织的作用,为全体员工实现组织的目标创造良好的工作环境,最高管理者应建立质量方针和质量目标,以体现组织总的质量宗旨和方向,以及在质量方面所追求的目的。领导者应时刻关注组织经营的国内外环境,制定组织的发展战略,规划组织的蓝图。质量方针应随着环境的变化而变化,并与组织的宗旨相一致。最高管理者应将质量方针和目标传达落实到组织的各职能部门和相关层次，让全体员工理解和执行。

3. 全员参与

各级人员是组织之本，只有他们充分参与，才能使他们的才干为组织带来收益。全体员工是每个组织的基础，人是生产力中最活跃的因素。组织的成功不仅取决于正确的领导，还有赖于全体人员的积极参与，所以应赋予各部门、各岗位人员应有的职责和权限，为全体员工制造一个良好的工作环境，激发他们的积极性和创造性。通过教育和培训增长他们的才干和能力，发挥员工的革新和创新精神，共享知识和经验，积极寻求增长知识和经验的机遇，为员工的成长和发展创造良好的条件，这样才能给组织带来最大的收益。

4. 过程方法

将活动和相关的资源作为过程进行管理，可以更高效地得到期望的结果。建筑工程项目的实施可以作为一个过程来实施管理，过程是指将输入转化为输出所使用的各项活动的系统。过程的目的是提高价值，因此在开展质量管理各项活动中应采用过程的方法实施控制，确保每个过程的质量，并按确定的工作步骤和活动顺序建立工作流程，人员培训，所需的设备，材料、测量和控制实施过程的方法，以及所需的信息和其他资源等。

5. 管理的系统方法

将相互关联的过程作为系统加以识别、理解和管理，有助于组织提高实现目标的有效性和效率。管理的系统方法包括确定顾客的需求和期望，建立组织的质量方针和目标，确定过程及过程的相互关系和作用，明确职责和资源需求，建立过程有效性的测量方法并用以测量现行过程的有效性，防止不合格、寻找改进机会、确立改进方向、实施改进、监控改进效果、评价结果、评审改进措施和确定后续措施等。这种建立和实施质量管理体系的方法既可用于建立新体系，也可用于改进现行的体系。这种方法不仅可提高过程能力及项目质量，还可为持续改进打好基础，最终使顾客满意、使组织获得成功。

6. 持续改进

持续改进整体业绩应当是组织的一个永恒目标。持续改进是一个组织积极寻找改进机会、努力提高有效性和效率的重要手段，目的是确保不断增强组织的竞争力，使顾客满意。

7. 基于事实的决策方法

有效决策是建立在数据和信息分析的基础上的。决策是通过调查和分析，确定项目质量目标并提出实现目标的方案，对可供选择的若干方案进行优选后做出抉择的过程，项目组织在工程实施的各项管理活动过程中都需要做出决策。能否对各个过程做出正确的决策,将会影响到组织的有效性和效率,甚至关系到项目的成败。所以,有效的决策必须以充分的数据和真实的信息为基础。

8. 与供方互利的关系

组织与供方是相互依存的,互利的关系可增强双方创造价值的能力。供方提供的材料、设备和半成品等对项目组织能否向顾客提供满意的最终产品,可以产生重要的影响。因此,把供方、协作方和合作方等都看成项目组织同盟中的利益相关者,并使之形成共同的竞争优势,可以优化成本和资源,使项目主体和供方实现双赢的目标。

(二)企业质量管理体系文件的构成

企业质量管理体系文件的构成包括质量方针和质量目标,质量手册,各种生产、工作和管理的程序性文件以及质量记录。

质量手册的内容一般包括企业的质量方针、质量目标,组织机构及质量职责,体系要素或基本控制程序,质量手册的评审、修改和控制的管理办法。质量手册作为企业质量管理系统的纲领性文件,应具备指令性、系统性、协调性、先进性、可行性和可检查性。

企业质量管理体系程序文件是质量手册的支持性文件,它包括六个方面的通用程序:文件控制程序、质量记录管理程序、内部审核程序、不合格品控制程序、纠正措施控制程序、预防措施控制程序。

质量记录是产品质量水平和质量体系中各项质量活动进行及结果的客观反映。质量记录应具有可追溯性。

(三)企业质量管理体系的建立和运行

1. 企业质量管理体系的建立

企业质量管理体系的建立是在确定市场及顾客需求的前提下,按照八项质量管理原则制定企业的质量方针、质量目标、质量手册、程序文件及质量记录等体系文件,并将质量目标分解落实到相关层次、相关岗位的职能和职责中,形成企业质量管理体系的执行系统。

企业质量管理体系的建立还包含对组织企业不同层次的员工进行培训,使员工了解体系的工作内容和执行要求,为形成全员参与的企业质量管理体系的运行创造条件。

企业质量管理体系的建立需要识别并提供实现质量目标和持续改进所需的资源,包括人员、基础设施、环境、信息等。

2. 企业质量管理体系的运行

①按企业质量管理体系文件所制定的程序、标准、工作要求及目标分解的

岗位职责进行运作。

②按各类体系文件的要求，监视、测量和分析过程的有效性和效率，做好文件规定的质量记录。

③按文件规定的办法进行质量管理评审和考核。

④落实企业质量管理体系的内部审核程序，有组织、有计划地开展内部质量审核活动，其主要目的是评价质量管理程序的执行情况及适用性，揭露过程中存在的问题为质量改进提供依据，检查企业质量管理体系运行的信息，向外部审核单位提供体系有效的证据。

(四) 企业质量管理体系的认证与监督

1. 企业质量管理体系认证的意义

质量认证制度是由公正的第三方认证机构对企业的产品及质量体系做出正确可靠的评价，其意义如下。

(1) 提高供方企业的质量信誉

获得质量管理体系认证通过的企业证明建立了有效的质量保障机制，因此可以获得市场的广泛认可，可以提升企业组织的质量信誉。实际上，质量管理体系对企业的信誉和产品的质量水平都起着重要的保障作用。

(2) 促进企业完善质量管理体系

企业质量管理体系实行认证制度，既能帮助企业建立有效、适用的质量管理体系，又能促使企业不断改进、完善自己的质量管理制度，以获得认证通过。

(3) 增强国际市场竞争能力

企业质量管理体系认证属于国际质量认证的统一标准，在经济全球化的今天，我国企业要参与国际竞争，就应采取国际标准规范自己，与国际惯例接轨。只有这样，才能增强自身的国际市场竞争力。

(4) 减少社会重复检验和检查费用

从政府角度，引导组织加强内部质量管理，通过质量管理体系认证，可以避免因重复检查与评定而给社会造成的浪费。

(5) 有利于保护消费者的利益

企业质量管理体系认证能帮助用户和消费者鉴别组织的质量保证能力，确保消费者买到优质、满意的产品，达到保护消费者利益的目的。

2. 企业质量管理体系认证的程序

(1) 申请和受理

对于具有法人资格的申请单位须按要求填写申请书，接受或不接受均需发出书面通知书。

(2) 审核

审核包括文件审查、现场审核，并提出审核报告。

(3) 审批与注册发证

符合标准者批准并予以注册，发放认证证书。

3. 获准认证后的维持与监督管理

企业质量管理体系获准认证的有效期为3年。获准认证后的质量管理体系的维持与监督管理内容如下。

①企业通报。认证合格的企业质量管理体系在运行中出现较大变化时，需向认证机构通报。

②监督检查。监督检查包括定期和不定期的监督检查。

③认证注销。注销是企业的自愿行为。

④认证暂停。认证暂停期间，企业不得用质量管理体系认证证书做宣传。

⑤认证撤销。认证撤销的企业一年后可重新提出认证申请。

⑥复评。认证合格有效期满前，如企业愿继续延长，可向认证机构提出复评申请。

⑦重新换证。在认证证书有效期内，出现体系认证标准变更、体系认证范围变更、体系认证证书持有者变更，可按规定重新换证。

第三节 建筑工程项目质量控制的统计分析方法

一、分层法

(一) 分层法的基本理论

分层法是一种重要的质量控制工具，它通过将收集的数据按照某一性质进行分组、整理，使得数据各层间的差异突显出来，层内的数据差异减少，从而更深入地发现和认识质量问题的原因。这种方法的基本思想是对众多影响项目质量的因素进行分门别类地分析，以便准确有效地找出问题及其原因。分层法的应用关键在于调查分析的类别和层次划分，这需要根据管理需要和统计目的进行细致的分层。通过分层法，可以更清晰地看到质量问题在不同层次上的分布情况，进而采取相应的措施进行改进。

分层法的应用不仅限于建筑工程项目管理，它是一种普遍应用于质量管理领域的统计分析方法。在护理质量管理过程中，分层法同样发挥着重要作用，通过将数据和调查对象按照设备、人员、方法等进行分类，进行不同层内的对比分析，逐步发现真正的问题所在。正确的分层方法对于研究至关重要，如果分类方法错误，研究便不再具有可比性，甚至可能得出错误的结论。因此，分层法的正确应用对于提高工程项目的质量控制水平具有重要意义。

（二）分层法原始数据的获取

根据管理需要和统计目的，通常可按照以下分层方法取得原始数据。

①按施工时间分：月、日、上午、下午、白天、晚间、季节。
②按地区部位分：区域、城市、乡村、楼层、外墙、内墙。
③按产品材料分：产地、厂商、规格、品种。
④按检测方法分：方法、仪器、测定人、取样方法。
⑤按作业组织分：工法、班组、工长、工人、分包方。
⑥按工程类型分：住宅、办公楼、道路、桥梁、隧道。
⑦按合同结构分：总承包、专业分包、劳务分包。

二、排列图法基本原理

在质量管理过程中，通过抽样检查或检验试验所得到的质量问题、偏差、缺陷、不合格等统计数据，以及造成质量问题的原因分析统计数据，均可采用排列图法进行状况描述，它具有直观、主次分明的特点。

排列图又称主次因素排列图。它是根据意大利经济学家帕累托提出的"关键的少数和次要的多数"的原理，由美国质量管理专家朱兰运用于质量管理中而发明的一种质量管理图形。其作用是寻找主要质量问题或影响质量的主要原因，以便抓住提高质量的关键，取得好的效果。

三、因果分析图法

（一）因果分析图法的基本原理

因果分析图又称特性要因图，因其形状像树枝或鱼骨，故又称鱼骨图、鱼刺图、树枝图。

通过排列图，人们找到了影响质量的主要问题（或主要因素），但找到问题不是质量控制的最终目的，目的是搞清产生质量问题的各种原因，以便采取措施加以纠正。因果分析图法就是分析质量问题产生原因的有效方法。

因果分析图的做法是将要分析的问题放在图形的右侧，用一条带箭头的主杆指向要解决的质量问题，一般从人、设备、材料、方法、环境五个方面进行分析，这就是所谓的大原因。对具体问题来讲，这五个方面的原因不一定同时存在，要找到解决问题的方法，还需要对上述五个方面进一步分解，这就是中原因、小原因或更小原因。

（二）因果分析图法应用时的注意事项

①一个质量特征或一个质量问题使用一张图分析。

②通常采用小组活动的方式进行，集思广益，共同分析。

③必要时可以邀请小组以外的有关人员参与，广泛听取意见。

④分析时要充分发表意见，层层深入，排除所有可能的原因。

⑤在充分分析的基础上，由各参与人员采用投票或其他方式，从中选择多数人达成共识的最主要原因。

四、频数分布直方图法

（一）频数分布直方图法的原理

直方图又称为质量分布图、矩形图，它是对数据加工整理、观察分析和掌握质量分布规律、判断生产过程是否正常的有效方法。除此以外，直方图还可以用来估计工序不合格品率的高低、制定质量标准、确定公差范围、评价施工管理水平等。

直方图由一个纵坐标、一个横坐标和若干个长方形组成。横坐标为质量特性，纵坐标是频数时，直方图为频数直方图；纵坐标是频率时，直方图为频率直方图。为了确定各种因素对产品质量的影响情况，在现场随机地实测一批产品的有关数据，将实测得来的这批数据进行分组整理，统计每组数据出现的频数，然后在直角坐标的横坐标轴上从小到大标出各分组点，在纵坐标上标出对应的频数，画出其高度值为其频数值的一系列直方形，即为频数分布直方图。

（二）频数分布直方图的观察分析

①所谓形状观察分析，是指将绘制好的直方图形状与正态分布的形状进行比较分析，一看形状是否相似，二看分布区间的宽窄。直方图的分布形状及分布区间宽窄是由质量特性统计数据的平均值和标准差决定的。

②正常型直方图呈正态分布，其形状特征是中间高、两边低、成对称。正常型直方图反映生产过程质量处于正常、稳定状态。数理统计研究证明，当随机抽样方案合理且样本数量足够大时，在生产能力处于正常、稳定状态下，质量特性检测数据趋于正态分布。

③异常型直方图呈偏态分布，常见的异常型直方图有折齿型、缓坡型、孤岛型、双峰型、峭壁型，出现异常的原因可能是生产过程存在影响质量的系统因素，或收集整理数据制作直方图的方法不当所致，要具体分析。

五、控制图法

控制图又叫管理图，是能够表达施工过程中质量波动状态的一种图形。使用控制图能够及时地提供施工中质量状态偏离控制目标的信息，提醒人们不失时机地采取措施，使质量始终处于控制状态。

使用控制图使工序质量的控制由事后检查转变为预防为主，使质量控制产生了一个飞跃。控制图与前述各种统计方法的根本区别在于，前述各种方法所提供的数据是静态的，而控制图则可提供动态的质量数据，使人们有可能控制异常状态的产生和蔓延。如前所述，质量的特性总有波动，波动的原因主要有人、材料、设备、工艺、环境五个方面。控制图就是通过分析不同状态下统计数据的变化，来判断五个系统因素是否有异常而影响着质量，也就是要及时发现异常因素而加以控制，保证工序处于正常状态。它通过子样数据来判断总体状态，以预防不良产品的产生。

六、相关图法

相关图法，又叫散布图法，它不同于前述各种方法之处是，它不是对一种数据进行处理和分析，而是对两种测定数据之间的相关关系进行处理、分析和判断。它也是一种动态的分析方法。在工程施工中，工程质量的相关关系有三种类型：第一种是质量特性和影响因素之间的关系，如混凝土强度与温度的关系；第二种是质量特性与质量特性之间的关系；第三种是影响因素与影响因素之间的关系，如混凝土密度与抗渗能力之间的关系、沥青的黏结力与沥青的延伸率之间的关系等。通过对相关关系的分析、判断，人们可以得到对质量目标进行控制的信息。

七、统计调查表法

统计调查表法是建筑工程项目质量控制中常用的一种统计分析方法，它利用专门设计的统计表对质量数据进行收集、整理和粗略分析，以便了解质量状态。这种方法简便灵活，便于整理，实用有效，没有固定格式，可以根据需要和具体情况设计出不同的统计调查表。常用的统计调查表包括分项工程作业质量分布调查表、不合格项目调查表、不合格原因调查表、施工质量检查评定用调查表等。

统计调查表法的应用不仅限于数据的收集和整理，它还能帮助分析质量问题，找出原因，从而采取相应的改进措施。这种方法在质量控制活动中非常有用，因为它能够提供一个系统的途径来收集和分析数据，从而指导质量控制决策。此外，统计调查表法还可以用于预测和监控工程质量，通过定期收集和分析数据，可以及时发现潜在的质量问题，采取预防措施，确保工程质量符合预期标准。

统计调查表法的应用范围广泛，适用于建筑工程项目的各个阶段，从设计到施工，再到验收，都可以通过统计调查表法进行质量控制。通过这种方法，可以系统地收集和分析质量数据，发现潜在问题，提高工程质量，确保工程项目的顺利进行和成功完成。

第四节 建筑工程项目质量改进和质量事故的处理

一、建筑工程项目质量改进

施工项目应利用质量方针、质量目标定期分析和评价项目管理状况，识别质量持续改进区域，确定改进目标，实施选定的解决办法，改进质量管理体系的有效性。

（一）改进的步骤

①分析和评价现状，以识别改进的区域。

②确定改进目标。

③寻找可能的解决办法以实现这些目标。

④评价这些解决办法并做出选择。

⑤实施选定的解决办法。

⑥测量、验证、分析和评价实施的结果以确定这些目标已经实现。

⑦正式采纳更正（形成正式的规定）。

⑧必要时，对结果进行评审，以确定进一步改进的机会。

（二）改进的方法

①通过建立和实施质量目标，营造一个激励改进的氛围和环境。

②确立质量目标以明确改进方向。

③通过数据分析、内部审核不断寻求改进的机会，并做出适当的改进活动安排。

④通过纠正和预防措施及其他适用的措施实现改进。

⑤在管理评审中评价改进效果，确定新的改进目标和改进的决定。

（三）改进的内容

持续改进的范围包括质量体系、过程和产品三个方面，改进的内容涉及产品质量、日常的工作和企业长远的目标，不仅不合格现象必须纠正、改正，目前合格但不符合发展需要的也要不断改进。

二、质量事故的概念和分类

（一）质量事故的概念

1. 质量不合格

凡工程产品没有满足某个规定的要求，就称为质量不合格；而没有满足某个预期使用要求或合理的期望（包括安全性方面）要求，就称为质量缺陷。

2. 质量问题

凡是工程质量不合格，必须进行返修、加固或报废处理，由此造成直接经济损失低于 5000 元的称为质量问题。

3. 质量事故

凡是工程质量不合格，必须进行返修、加固或报废处理，由此造成直接经济损失在 5000 元（含 5000 元）以上的称为质量事故。

（二）质量事故的分类

由于工程质量事故具有复杂性、严重性、可变性和多发性的特点，所以建设工程质量事故的分类有多种方法。一般可按以下条件进行分类。

1. 按事故造成损失的严重程度分类

①一般质量事故。一般质量事故指经济损失在 5000 元（含 5000 元）以上，不满 5 万元的；或影响使用功能或工程结构安全，造成永久质量缺陷的。

②严重质量事故。严重质量事故指直接经济损失在 5 万元（含 5 万元）以上，不满 10 万元的；或严重影响使用功能或工程结构安全，存在重大质量隐患的；或事故性质恶劣或造成 2 人以下重伤的。

③重大质量事故。重大质量事故指工程倒塌或报废，或由于质量事故造成人员死亡或重伤 3 人以上，或直接经济损失 10 万元以上。

④特别重大事故。凡具备国务院发布的《特别重大事故调查程序暂行规定》所列发生一次死亡 30 人及其以上，或直接经济损失达 500 万元及以上，或其他性质特别严重的情况之一，均属特别重大事故。

2. 按事故责任分类

（1）指导责任事故

指导责任事故指由于工程实施指挥或领导失误而造成的质量事故。例如，由于工程负责人片面追求施工进度，放松或不按质量标准进行控制和检验，降低施工质量标准等。

（2）操作责任事故

操作责任事故指在施工过程中，由于实施操作者不按规程和标准实施操作而造成的质量事故。例如，浇筑混凝土时随意加水，或振捣疏漏造成混凝土质量事故等。

3. 按质量事故产生的原因分类

(1) 技术原因引发的质量事故

技术原因引发的质量事故是指在工程项目实施中由于设计、施工在技术上的失误而造成的质量事故。例如，结构设计计算错误、地质情况估计错误、采用了不适宜的施工方法或施工工艺等。

(2) 管理原因引发的质量事故

管理原因引发的质量事故指管理上的不完善或失误引发的质量事故。例如，施工单位或监理单位的质量体系不完善、检验制度不严密、质量控制不严格、质量管理措施落实不力、检测仪器设备管理不善而失准、材料检验不严等原因引起的质量事故。

(3) 经济原因引发的质量事故

经济原因引发的质量事故是指由于经济因素及社会上存在的弊端和不正之风引起建设中的错误行为，而导致出现质量事故。例如，某些施工企业盲目追求利润而不顾工程质量；在投标报价中随意压低标价，中标后则依靠违法的手段或修改方案追加工程款，或偷工减料等，这些因素往往会导致出现重大工程质量事故，必须予以重视。

三、质量事故的处理程序

(一) 事故调查

事故发生后，施工项目负责人应按规定的时间和程序及时向企业报告事故的状况，积极组织事故调查。事故调查应力求及时、客观、全面，以便为事故的分析与处理提供正确的依据。调查结果要整理撰写成事故调查报告，其主要内容包括工程概况，事故情况，事故发生后所采取的临时防护措施，事故调查中的有关数据、资料，事故原因分析与初步判断，事故处理的建议方案与措施，事故涉及人员与主要责任者的情况等。

(二) 事故原因分析

事故原因分析要建立在事故情况调查的基础上，避免情况不明就主观推断事故的原因。特别是涉及勘察、设计、施工、材料和管理等方面的质量事故，往往事故的原因错综复杂。因此，必须对调查所得到的数据、资料进行仔细分析，去伪存真，找出造成事故的主要原因。

(三) 制订事故处理方案

事故的处理要建立在原因分析的基础上，并广泛地听取专家及有关方面的意见，经科学论证，决定事故是否进行处理和怎样处理。在制订事故处理方案时，应做到安全可靠、技术可行、不留隐患、经济合理、具有可操作性，满足建筑功能和使用要求。

（四）事故处理

根据制订的质量事故处理方案，对质量事故进行认真的处理。处理的内容主要包括以下两个方面。

①事故的技术处理，以解决施工质量不合格和缺陷问题。

②事故的责任处罚。根据事故的性质、损失大小、情节轻重对事故的责任单位和责任人做出相应的行政处分直至追究刑事责任。

（五）事故处理的鉴定验收

质量事故的处理是否达到预期的目的，是否依然存在隐患，应当通过检查鉴定和验收做出确认。事故处理的质量检查鉴定应严格按施工验收规范和相关质量标准的规定进行，必要时还应通过实际测量、试验和仪器检测等方法获取必要的数据，以便准确地对事故处理的结果做出鉴定。事故处理后，必须尽快提交完整的事故处理报告。其内容包括事故调查的原始资料、测试的数据，事故原因分析、论证，事故处理的依据，事故处理的方案及技术措施，实施质量处理中有关的数据、记录、资料，检查验收记录，事故处理的结论等。

四、质量事故的处理方法

（一）修补处理

当工程某些部分的质量虽未达到规定的规范、标准或设计的要求存在一定的缺陷，但经过修补后可以达到要求的质量标准，又不影响使用功能或外观的要求，可采取修补处理的方法。

例如，某些混凝土结构表面出现蜂窝、麻面，经调查分析，该部位经修补处理后，不会影响其使用及外观；对混凝土结构局部出现的损伤，如结构受撞击、局部未振实、冻害、火灾、酸类腐蚀、碱集料反应等，当这些损伤仅仅在结构的表面或局部，不影响其使用和外观，可进行修补处理。对混凝土结构出现的裂缝经分析研究后，如果不影响结构的安全和使用，也可采取修补处理。例如，当裂缝宽度不大于 0.2mm 时，可采用表面密封法；当裂缝宽度大于 0.3mm 时，采用嵌缝密闭法；当裂缝较深时，则应采取灌浆修补的方法。

（二）加固处理

加固处理主要是针对危及承载力的质量缺陷的处理。通过对缺陷的加固处理，建筑结构恢复或提高承载力，重新满足结构安全性、可靠性的要求，结构能继续使用或改作其他用途。对混凝土结构常用的加固方法主要有增大截面加固法、外包角钢加固法、粘钢加固法、增设支点加固法、增设剪力墙加固法、预应力加固法等。

(三) 返工处理

当工程质量缺陷经过修补或加固处理后仍不能满足规定的质量标准要求,或不具备补救可能性时,必须采取返工处理。例如,某防洪堤坝填筑压实后,其压实土的干密度未达到规定值,经核算将影响土体的稳定且不满足抗渗能力的要求,须挖除不合格土,重新填筑,进行返工处理;某公路桥梁工程预应力按规定张拉系数为 1.3,而实际仅为 0.8,属严重的质量缺陷,也无法修补,只能返工处理。再如,某工厂设备基础的混凝土浇筑时掺入木质素磺酸钙减水剂,因施工管理不善,掺量多于规定的 7 倍,导致混凝土坍落度大于 180mm,石子下沉,混凝土结构不均匀,浇筑后 5 天仍然不凝固硬化,28 天的混凝土实际强度不到规定强度的 32%,不得不返工重浇。

(四) 限制使用

当工程质量缺陷按修补方法处理后无法保证达到规定的使用要求和安全要求,而又无法返工处理——不得已时,可做出诸如结构卸荷或减荷以及限制使用的决定。

(五) 不做处理

某些工程质量问题虽然达不到规定的要求或标准,但其情况不严重,对工程或结构的使用及安全影响很小,经过分析、论证、法定检测单位鉴定和设计单位等认可后可不专门做处理。一般可不做专门处理的情况有以下几种。

1. 不影响结构安全、生产工艺和使用要求的

例如,有的工业建筑物出现放线定位的偏差,且严重超过规范标准规定,若要纠正会造成重大经济损失,但经过分析、论证,其偏差不影响生产工艺和正常使用,在外观上也无明显影响,可不做处理。又如,某些部位的混凝土表面的裂缝经检查分析属于表面养护不够的干缩微裂,不影响使用和外观,也可不做处理。

2. 后道工序可以弥补的质量缺陷

例如,混凝土结构表面的轻微麻面可通过后续的抹灰、刮涂、喷涂等弥补,也可不做处理。再如,混凝土现浇楼面的平整度偏差达到 10mm,但由于后续垫层和面层的施工可以弥补,所以也可不做处理。

3. 法定检测单位鉴定合格的

例如,某检验批混凝土试块强度值不满足规范要求,强度不足,但经法定检测单位对混凝土实体强度进行实际检测后,其实际强度达到规范允许和设计要求值时,可不做处理。对经检测未达到要求值,但相差不多,经分析论证,只要使用前经再次检测达到设计强度的,也可不做处理,但应严格控制施工

荷载。

4. 其他

出现的质量缺陷经检测鉴定达不到设计要求，但经原设计单位核算，仍能满足结构安全和使用功能的

例如，某一结构构件截面尺寸不足，或材料强度不足，影响结构承载力，但按实际情况进行复核验算后仍能满足设计要求的承载力时，可不进行专门处理。这种做法实际上是挖掘设计潜力或降低设计的安全系数，应谨慎处理。

（六）报废处理

对于出现质量事故的工程，通过分析或实践，采取上述处理方法后仍不能满足规定的质量要求或标准，则必须予以报废处理。

第六章　建筑工程安全管理

第一节　安全管理概述

一、基本概念

安全，指没有危险、不出事故，未造成人员伤亡、资产损失。

安全生产管理，是指经营管理者对安全生产工作进行的策划、组织、指挥、协调、控制和改进的一系列活动，目的是保证在生产经营活动中人身安全、财产安全，促进生产的发展，保持社会的稳定。

建筑工程项目安全管理，就是建筑工程项目在施工过程中，组织安全生产的全部管理活动。通过对生产要素过程控制，使生产要素的不安全状态减少或消除，达到减少一般事故，杜绝伤亡事故，从而保证项目安全管理目标的实现。

安全生产是建筑工程项目重要的控制目标之一，也是衡量建筑工程项目管理水平的重要标志。因此，建筑工程项目必须把实现安全生产，当作组织施工活动的重要任务。

二、安全生产方针

（一）"安全第一"是安全生产方针的基础

生产过程中的安全是生产发展的客观需要，特别是现代化生产，更不能忽视，要在生产活动中把安全工作放在第一位，尤其是当生产与安全发生矛盾时，生产服从安全，这是"安全第一"的含义。

（二）安全与生产的辩证关系

在生产建设中，必须用辩证统一的观点去处理好安全与生产的关系。这就是说，项目领导者必须善于安排好安全工作与生产工作，特别是在生产任务繁忙的情况下，安全工作与生产工作发生矛盾时，更应处理好两者的关系，不要把安全工作挤掉。越是生产任务忙，越要重视安全，把安全工作搞好，否则，就会招致工伤事故，既妨碍生产，又影响企业信誉，这是多年来生产实践证明了的一条重要经验。总之，安全与生产是互相联系，互相依存，互为条件的。必须用辩证的思想来正确贯彻安全生产方针。

（三）"预防为主"是安全生产方针的核心，是实施安全生产的根本途径

安全生产工作的预防为主是现代生产发展的需要。现代科学技术日新月异，而且往往又是多学科综合运用，安全问题日益复杂，稍有疏忽就会酿成事故。预防为主，就是要在事前做好安全工作，防患于未然。依靠科技进步，加强安全科学管理，搞好科学预测与分析工作，把工伤事故和职业危害消灭在萌芽状态中。安全第一、预防为主两者是相辅相成、互相促进的。预防为主是实现安全第一的保障，要做到安全第一，实现安全生产，最有效的措施就是搞好积极预防，主动预防，否则安全第一就是一句空话，这也是在实践中证明了的一条重要经验。

三、安全生产管理体制

（一）企业负责

企业负责就是企业在其经营活动中必须对本企业安全生产负全面责任，企业法定代表人是安全生产的第一责任人。各企业应建立安全生产责任制，在管生产的同时，必须搞好安全卫生工作。这样才能达到责权利的相互统一。企业应自觉贯彻"安全第一，预防为主"，必须遵守国家的法律、法规和标准，根据国家有关规定，制定本企业安全生产规章制度；必须设置安全机构，配备安全管理人员对企业的安全工作进行有效管理。"企业负责"要求企业自觉接受行业管理、国家监察和群众监督，并结合本企业情况，努力克服安全生产中的薄弱环节，积极认真地解决安全生产中的各种问题。企业对安全生产负责的关键是做到"责任到位、投入到位、措施到位"。

（二）行业管理

行政主管部门根据"管生产必须管安全"的原则，管理本行业的安全生产工作，建立安全生产管理机构，配备安全技术干部，组织贯彻执行国家安全生产方针、政策、法律、法规，制定行业的规章制度和规范标准；对本行业安全生产管理工作进行策划、组织实施和监督检查、考核；帮助企业解决安全生产方面的实际问题，支持、指导企业搞好安全生产。

（三）国家监察

安全生产行政主管部门按照国务院要求实施国家劳动安全监察。国家监察是一种执法监察，主要是监察国家法规、政策的执行情况，预防和纠正违反法

规、政策的偏差；它不干预企事业遵循法律法规、制定的措施和步骤等具体事务，也不能替代行业管理部门日常管理和安全检查。

（四）群众监督

群众监督是安全生产工作不可缺少的重要环节。这种监督是与国家安全监察和行政管理相辅相成的，应密切配合，相互合作，互通情况，共同搞好安全生产工作。新的经济体制的建立，群众监督的内涵也在扩大。不仅是各级工会，而且社会团体，民主党派、新闻单位等也应共同对安全生产起监督作用。这是保障职工的合法权益，保障职工生命安全与健康和国家财产不受损失以及搞好安全生产的重要保证。

（五）劳动者遵章守纪

从许多事故发生的原因看，大都与职工的违章行为有直接关系。因此，劳动者在生产过程中应自觉遵守安全生产规章制度和劳动纪律，严格执行安全技术操作规程，不违章操作。劳动者遵章守纪也是减少事故，实现安全生产的重要保证。

四、安全生产管理制度

（一）安全生产责任制

安全生产责任制是组织各项安全生产规章制度的核心，是组织行政岗位责任制度和经济责任制度的重要组成部分，也是最基本的安全生产管理制度。安全生产责任制是按照安全生产方针和"管生产的同时必须管安全"的原则。对各级负责人员、各职能部门及其工作人员和各岗位生产工人在安全生产方面应做的事情及应负的责任加以明确规定的一种制度。

组织安全生产责任制的核心是实现安全生产的"五同时"，就是在策划、布置、检查、总结、评比生产的时候；同时策划、布置、检查、总结、评比安全工作。其内容大体分为两个方面，一是纵向方面各级人员的安全生产责任制，即各类人员（从最高管理者、管理者代表、中层管理者到一般员工）的安全生产责任制；二是横向方面各分部门的安全生产责任制，即各职能部门（如安装、设备、技术、生产、财务等部门）的安全生产责任制。

（二）安全生产措施计划制度

安全生产措施计划制度是安全生产管理制度的一个重要组成部分，是企业有计划地改善劳动条件和安全卫生设施，防止工伤事故和职业病的重要措施之一。这种制度对企业加强劳动保护，改善劳动条件，保障职工的安全和健康，促进企业生产经营的发展都起着积极作用。

（三）安全生产教育制度

劳动法规定：用人单位要对劳动者进行劳动安全卫生教育。组织安全教育工作是贯彻组织方针，实现安全生产、文明生产、提高员工安全意识和安全素质；防止产生不安全行为、减少人为失误的重要途径。其重要性首先在于提高组织管理者及员工做好安全生产的责任感和自觉性，帮助其正确认识和学习职业安全卫生法律、法规、基本知识。其次是能够普及和提高员工的安全技术知识，增强安全操作技能，从而保护自己和他人的安全与健康，促进生产力的发展。安全教育的形式一般包括：管理人员的职业安全卫生教育、特种作业人员的职业安全卫生教育、职工的职业安全卫生教育和经常性职业安全卫生教育。

（四）安全生产检查制度

安全生产检查制度是清除隐患、防止事故、改善劳动条件的重要手段，是企业安全生产管理工作的一项重要内容。通过安全生产检查可以发现企业及生产过程中的危险因素，以便有计划地采取措施，保证安全生产。

安全生产检查的内容，主要是查思想、查管理、查隐患、查整改和查事故处理。查思想主要是检查组织领导和职工对安全生产工作的认识；查管理是检查组织是否建立安全生产管理体系并正常工作；查隐患是检查生产作业现场是否符合安全生产、文明生产的要求；查整改是检查组织对过去提出问题的整改情况；查事故处理主要是检查组织对伤亡事故是否及时报告、认真调查、严肃处理。安全生产检查时要深入车间、班组，检查生产过程中的劳动条件、生产设备以及相应的安全卫生设施和工人的操作行为是否符合安全生产的要求。为保证检查的效果，必须成立一个适应安全生产检查工作需要的检查组，配备适当的力量。安全生产检查的组织形式，可根据检查的目的和内容来确定。

（五）伤亡事故和职业病统计报告制度

伤亡事故和职业病统计报告和处理制度是我国安全生产的一项重要制度。这项制度的内容包括：依照国家法律、法规的规定进行事故的报告、事故的统计和事故的调查与处理。

（六）劳动安全卫生监察制度

劳动安全卫生监察制度是指国家法律、法规授权的劳动行政部门，代表政府对企业的生产过程实施劳动安全卫生监察；以政府的名义，运用国家权力对生产单位在履行劳动安全卫生职责和执行安全生产政策、法律、法规和标准的情况依法进行监督、纠举和惩戒的制度。其目的是防止事故发生。

（七）"三同时"制度

"三同时"制度，是指凡是我国境内新建、改建、扩建的基本建设项目（工程）、技术改建项目（工程）和引进的建设项目，其安全生产设施必须符合国家规定的标准,必须与主体工程同时设计、同时施工、同时投入生产和使用。

(八) 安全预评价制度

安全预评价是根据建设项目可行性研究报告内容,分析和预测该建设项目可能存在的危险、有害因素的种类和程度,提出合理可行的安全对策措施及建议。预评价实际上就是在建设项目前期,应用安全评价的原理和方法对系统(工程、项目)的危险性、危害性进行预测性评价。安全预评价目的是贯彻"安全第一、预防为主"方针,为建设项目初步设计提供科学依据,以利于提高建设项目本质安全程度。

五、安全管理常用术语

(一) 管生产必须管安全的原则

"管生产必须管安全"原则是指项目各级领导和全体员工在生产过程中必须坚持在抓生产的同时抓好安全工作。

"管生产必须管安全"的原则体现了安全和生产的统一,生产和安全是一个有机的整体,两者不能分割更不能对立起来,应将安全寓于生产之中,生产组织者在生产技术实施过程中,应当承担安全生产的责任,把"管生产必须管安全"原则落实到每个员工的岗位责任制上去,从组织上、制度上固定下来,以保证这一原则的实施。

(二) 安全生产管理目标

安全生产管理目标指项目根据企业的整体目标,在分析外部环境和内部条件的基础上,确定安全生产所要达到的目标,并采取一系列措施努力实现这些目标的活动过程。

安全生产目标管理的基本内容包括目标体系的确立,目标的实施及目标成果的检查与考核。具体有以下几个方面。

①确定切实可行的目标值。采用科学的目标预测法,根据需要和可能,采取系统分析的方法,确定合适的目标值,并研究围绕达到目标应采取的措施和手段。

②确定安全目标的要求,制定实施办法,做到有具体的保证措施,力求量化,以便于实施和考核,包括组织技术措施,明确完成程序和时间及负责人,并签订承诺书。

③规定具体的考核标准和奖惩办法,考核标准不仅应规定目标值,而且要把目标值分解为若干具体要求来考核。

④安全生产目标管理必须与安全生产责任制挂钩。层层分解,逐级负责,

充分调动各级组织和全体员工的积极性,保证安全生产管理目标的实现。

⑤安全生产目标管理必须与企业生产经营、资产经营承包责任制挂钩,作为整个企业目标管理的一个重要组成部分,实行经营管理者任期目标责任制、租赁制和各种经营承包责任制的单位负责人,应把安全生产目标管理实现与他们的经济收入和荣誉挂钩,严格考核,兑现奖罚。

(三) 正确处理 "五种" 关系

1. 安全与危险并存

安全与危险在同一事物的运动中是相互对立的,也是相互依赖而存在的,因为有危险,所以才进行安全生产过程控制。

2. 安全与生产的统一

生产是人类社会存在和发展的基础,如:生产中的人、物、环境都处于危险状态,则生产无法顺利进行。有了安全保障,生产才能持续、稳定健康发展。若生产活动中事故不断发生,生产势必陷于混乱甚至瘫痪,当生产与安全发生矛盾,危及员工生命或资产时,停止生产经营活动进行整治、消除危险因素以后,生产经营形势会变得更好。

3. 安全与质量同步

质量和安全工作,交互作用,互为因果。安全第一,质量第一,两个第一并不矛盾。安全第一是从保护生产经营因素的角度提出的。而质量第一则是从关心产品成果的角度而强调的,安全为质量服务,质量需要安全保证。生产过程哪一头都不能丢掉,否则,将陷于失控状态。

4. 安全与速度互促

生产中违背客观规律,盲目蛮干、乱干,在侥幸中求得的进度,缺乏真实与可靠的安全支撑,往往容易酿成不幸,不但无速度可言,反而会延误时间,影响生产。速度应以安全做保障,安全就是速度。

5. 安全与效益同在

安全技术措施的实施,会不断改善劳动条件,调动职工的积极性,提高工作效率,带来经济效益,从这个意义上说,安全与效益完全是一致的,安全促进了效益的增长。在实施安全措施中,投入要精打细算、统筹安排。既要保证安全生产,又要经济合理,还要考虑力所能及。为了省钱而忽视安全生产,或追求资金的盲目高投入,也是不可取的。

(四) 安全检查

安全检查是指对建筑工程项目贯彻安全生产法律法规的情况、安全生产状况、劳动条件、事故隐患等所进行的检查。安全生产检查按组织者的不同可以分为下列两大类。

1. 安全大检查

指由项目经理部组织的各种安全生产检查或专业检查。安全生产大检查通常是在一定时期内有目的、有组织地进行，一般规模较大，检查时间较长，揭露问题较多，判断较准确，有利于促使项目重视安全，并对安全生产中的一些"老大难"问题进行剖析整改。

2. 自我检查

由劳务层组织对自身安全生产情况进行的各种检查。自我检查通常采取经常性检查与定期检查、专业检查与群众检查相结合的安全检查制度。经常性检查是指安全技术人员、专职或兼职人员会同班组对安全的日查、周查和月查。定期检查是项目组织的定期（每月、每季、半年或一年）全面的安全检查。专业检查是指根据设备和季节特点进行专项的专业安全检查，如防火、防爆、防尘、防毒等检查。群众性安全检查指发动全体员工普遍进行安全检查，并对员工进行安全教育。此外，还有根据季节性特点所进行的季节性检查，如冬季防寒、夏季防暑降温以及雨季防洪等检查。

安全生产检查的主要内容包括：查思想，查制度，查机械设备，查安全设施，查安全教育培训，查操作行为，查防护用品使用，查伤亡事故处理等。安全生产检查常用的方法有：深入现场实地观察，召开汇报会、座谈会、调查会以及个别访问，查阅安全生产记录等。

（五）"六个坚持"

1. 坚持管生产同时管安全

安全寓于生产之中，并对生产发挥促进与保证作用，因此，安全与生产虽有时会出现矛盾，但从安全、生产管理的目标，表现出高度的一致和安全的统一。安全管理是生产管理的重要组成部分，安全与生产在实施过程中，两者存在着密切的联系，存在着进行共同管理的基础。管生产同时管安全，不仅是对各级领导人员明确安全管理责任，同时，也向一切与生产有关的机构、人员明确了业务范围内的安全管理责任。由此可见，一切与生产有关的机构、人员，都必须参与安全管理，并在管理中承担责任。认为安全管理只是安全部门的事，是一种片面的、错误的认识。各级人员安全生产责任制度的建立，管理责任的落实，体现了管生产同时管安全的原则。

2. 坚持目标管理

安全管理的内容是对生产中的人、物、环境因素状态的管理，在有效的控制人的不安全行为和物的不安全状态，消除或避免事故，达到保护劳动者的安全与健康的目标。没有明确目标的安全管理是一种盲目行为，盲目的安全管理，往往劳民伤财。危险因素依然存在。在一定意义上，盲目的安全管理，只能纵容威胁人的安全与健康的状态，向更为严重的方向发展或转化。

3. 坚持预防为主

安全生产的方针是"安全第一、预防为主"，安全第一是从保护生产力的角度和高度，表明在生产范围内，安全与生产的关系，肯定安全在生产活动中的位置和重要性。预防为主，首先是端正对生产中不安全因素的认识和消除不安全因素的态度，选准消除不安全因素的时机。在安排与布置生产经营任务的时候，针对施工生产中可能出现的危险因素，采取措施予以消除是最佳选择，在生产活动过程中，经常检查，及时发现不安全因素，采取措施，明确责任，尽快地、坚决地予以消除，是安全管理应有的鲜明态度。

4. 坚持全员管理

安全管理不是少数人和安全机构的事，而是一切与生产有关的机构、人员共同的事，缺乏全员的参与，安全管理不会有生气、不会出现好的管理效果。当然，这并非否定安全管理第一责任人和安全监督机构的作用。在安全管理中的作用固然重要，但全员参与安全管理十分重要。安全管理涉及生产经营活动的方方面面，涉及从开工到竣工交付的全部过程，生产时间，生产要素。因此，生产经营活动中必须坚持全员、全方位的安全管理。

5. 坚持过程控制

通过识别和控制特殊关键过程，达到预防和消除事故，防止或消除事故伤害。在安全管理的主要内容中，虽然都是为了达到安全管理的目标，但是对生产过程的控制与安全管理目标关系更直接、更为突出。因此，对生产中人的不安全行为和物的不安全状态的控制，必须列入过程安全制定管理的节点。事故发生往往由于人的不安全行为运动轨迹与物的不安全状态运动轨迹的交叉所造成的，从事故发生的原因看，也说明了对生产过程的控制，应该作为安全管理重点。

6. 坚持持续改进

安全管理是在变化着的生产经营活动中的管理，是一种动态管理。其管理就意味着是不断改进发展的、不断变化的，以适应变化的生产活动。消除新的危险因素，需要的是不间断地摸索新的规律，总结控制的办法与经验，指导新的变化后的管理，从而不断提高安全管理水平。

（六）人的不安全行为

1. 人的不安全行为现象

人的不安全行为是人的生理和心理特点的反映，主要表现在身体缺陷、错误行为和违纪违章三方面。

①身体缺陷：指疾病、职业病、精神失常、智商过低（呆滞、接受能力

差、判断能力差等）、紧张、烦躁、疲劳、易冲动、易兴奋、精神迟钝、对自然条件和环境过敏、不适应复杂和快速工作、应变能力差等。

②错误行为：指嗜酒、吸毒、吸烟、打赌、玩耍、嬉笑、追逐、错视、错听、错嗅、误触、误动作、误判断、突然受阻、无意相碰、意外滑倒、误入危险区域等。

③违纪违章：指粗心大意、漫不经心、注意力不集中、不懂装懂、无知而又不虚心、不履行安全措施、安全检查不认真、随意乱放东西、任意使用规定外的机械设备、不按规定使用防护用品、碰运气、图省事、玩忽职守、有意违章、只顾自己而不顾他人等。

2. 人的行为与事故

（1）人的生理疲劳与安全

人的生理疲劳，表现出动作紊乱而不稳定，不能正常支配状况下所能承受的体力，易产生重物失手、手脚发软、致使人和物从高处坠落等事故。

（2）人的心理疲劳与安全

人的心理疲劳是指劳动者由于动机和态度改变引起工作能力的波动；或从事单调、重复劳动时的厌倦；或遭受挫折后的身心乏力等。这就会使劳动者感到心情不安、身心不支、注意力转移而产生操作失误。

（3）人的视觉、听觉与安全

人的视觉是接受外部信息的主要通道，80%以上的信息是由视觉获得，但人的视觉存在视错觉，而外界的亮度、色彩、对比度，物体的大小，形态、距离等又支配视觉效果。当视器官将外界环境转化为信号输入时，有可能产生错视、漏视的失误而导致安全事故。同样，人的听觉亦是接受外部信息的通道。但常由于机械轰鸣，噪声干扰，不仅使注意力分散，听力减弱，听不清信号，还会使人产生头晕、头痛、乏力失眠，引起神经紊乱以至心率加快等病症，若不治理和预防都会有害于安全。

（4）人的气质与安全

人的气质、性格不同，产生的行为各异；意志坚定，善于控制自己，注意力稳定性好，行动准确，不受干扰，安全度就高。感情激昂，喜怒无常，易动摇，对外界信息的反应变化多端，常易引起不安全行为。自作聪明，自以为是，将常常会发生违章操作。遇事优柔寡断，行动迟缓，则对突发事件应变能力差，此类不安全行为，均与发生事故密切相关。

（5）人际关系与安全

群体的人际关系直接影响着个体的行为，当彼此遵守劳动纪律，重视安全生产的行为规范，相互友爱和信任时，无论做什么事都充满信心和决心，安全就有保障；若群体成员把工作中的冒险视为勇敢予以鼓励、喝彩，无视安全措施和操作规程，在这种群体动力作用下，不可能形成正确的安全观念。个人某种需要未得到满足，带着愤懑和怨气的不稳定情绪工作，或上下级关系紧张，产生疑虑、畏惧、抑郁的心理，注意力发生转移，也极容易发生事故。

综上所述，在建筑工程项目安全控制中，一定要抓住人的不安全行为这一关键因素，针对人的生理和心理特点，结合不安全的影响因素，制定纠正和预防措施。劳动者应结合自身生理、心理特点培养和提高自我保护能力，预防不安全行为发生。

（七）物的不安全状态分析

人的生理、心理状态能适应物质、环境条件，而物质、环境条件又能满足劳动者生理、心理需要时，则不会产生不安全行为；反之，就可能导致伤害事故的发生。

1. 物的不安全状态

①设备、装置的缺陷，是指机械设备和装置的技术性能降低，刚度不够，结构不良、磨损、老化、失灵、腐蚀、物理和化学性能达不到规定等。

②作业场所的缺陷，是指施工现场狭窄，组织不当，多工种立体交叉作业，交通道路不畅，机械车辆拥挤，多单位同时施工等。

③物质和环境的危险源，如：化学方面的氧化、自燃、易燃、毒性、腐蚀等；机械方面的重物、振动、冲击、位移、倾覆、陷落、旋转、抛飞、断裂、剪切、冲压等；电气方面的漏电、短路、火花、电弧、电辐射、超负荷、过热、爆炸、绝缘不良、高压带电作业等；环境方面的辐射线、红外线强光、雷电、风暴、暴雨、浓雾、高低温、洪水、地震、噪声、冲击波、粉尘、高压气体、火源等。

2. 物质、环境与安全

物质和环境均具有危险源，也是产生安全事故的主要因素。因此，在建筑工程项目安全控制中，应根据工程项目施工的具体情况，采取有效的措施减少或断绝危险源。

如发生起重伤害事故的主要原因有两类，一是起重设备的安全装置不全或失灵；二是起重机司机违章作业或指挥失误所致，因此，预防起重伤害事故也要从这两方面入手，即，第一，保证安全装置（行程、高度、变幅、超负荷限制装置，其他保险装置等）齐全可靠，并经常检查、维修，使转动灵敏，严禁使用带"病"的起重设备。第二，起重机指挥人员和司机必须经过操作技术培训和安全技术考核，持证上岗，不得违章作业。

同时，在分析物质、环境因素对安全的影响时，也不能忽视劳动者本身生理和心理的特点。如一个生理和心理素质好，应变能力强的司机，他们注意范围较大，几乎可以在同一时间，既注意到吊物和它周围的建筑物、构筑物的距离，又顾及到起升、旋转、下降、对中、就位等一系列差异较大的操作。这样，就不会发生安全事故。所以在创造和改善物质、环境的安全条件时，也应从劳动者生理和心理状态出发，使其能相互适应。实践证明，采光照明、色彩标志、环境温度和现场环境对施工安全的影响都不可低估。

①采光照明问题。施工现场的采光照明，既要保证生产正常进行，又要减少人的疲劳和不舒适感，还应适应视觉暗、明的生理反应。这是因为当光照条件改变时，眼睛需要通过一定的生理过程对光的强度进行适应，方能获得清晰的视觉。所以，当由强光下进入暗环境，或由暗环境进入强光现场时，均需经过一定时间，使眼睛逐渐适应光照强度的改变，然后才能正常工作。因此，让劳动者懂得这一生理现象，当光照强度产生极大变化时作短暂停留；在黑暗场所加强人工照明；在耀眼强光下操作戴上墨镜，则可减少事故的发生。

②色彩的标志问题。色彩标志可提高人的辨别能力，控制人的心理，减少工作差错和人的疲劳。红色，在人的心理定势中标志危险、警告或停止；绿色，使人感到凉爽、舒适、轻松、宁静，能调剂人的视力，消除炎热、高温时烦躁不安的心理；白色，给人整洁清新的感觉，有利于观察检查缺陷，消除隐患；红白相间，则对比强烈，分外醒目。所以，根据不同的环境采用不同的色彩标志，如用红色警告牌，绿色安全网，白色安全带，红白相间的栏杆等，都能有效地预防事故。

③环境温度问题。环境温度接近体温时，人体热量难以散发就感到不适、头昏、气喘，活动稳定性差，手脑配合失调，对突发情况缺乏应变能力，在高温环境、高处作业时，就可能导致安全事故；反之，低温环境，人体散热量大，手脚冻僵，动作灵活性、稳定性差，也易导致事故发生。

④现场环境问题。现场布置杂乱无序，视线不畅，沟渠纵横，交通阻塞，机械无防护装置，电器无漏电保护，粉尘飞扬、噪声刺耳等，使劳动者生理、心理难以承受，或不能满足操作要求时，则必然诱发事故。

以上所述，在建筑工程项目安全控制中，必须将人的不安全行为、物的不安全状态与人的生理和心理特点结合起来综合考虑，制定安全技术措施，才能确保安全目标的实现。

（八）四不放过

"四不放过"是指在调查处理工伤事故时，必须坚持事故原因分析不清不放过；员工及事故责任人受不到教育不放过；事故隐患不整改不放过；事故责任人不处理不放过的原则。

"四不放过"原则的第一层含义是要求在调查处理工伤事故时,首先要把事故原因分析清楚,找出导致事故发生的真正原因,不能敷衍了事,不能在尚未找到事故主要原因时就轻易下结论,也不能把次要原因当成主要原因,未找到真正原因决不轻易放过,直至找到事故发生的真正原因,搞清楚各因素的因果关系才算达到事故分析的目的。

"四不放过"原则的第二层含义是要求在调查处理工伤事故时,不能认为原因分析清楚了,有关责任人员也处理了就算完成任务了,还必须使事故责任者和企业员工了解事故发生的原因及所造成的危害,并深刻认识到搞好安全生产的重要性,大家从事故中吸取教训,在今后工作中更加重视安全工作。

"四不放过"原则的第三层含义是要求在对工伤事故进行调查处理时,必须针对事故发生的原因,制定防止类似事故重复发生的预防措施,并督促事故发生单位组织实施,只有这样,才算达到了事故调查和处理的最终目的。

(九)安全标识

安全标识是指在操作人员容易产生错误而造成事故的场所,为了确保安全,提醒操作人员注意所采用的一种特殊标识。制定安全标识的目的是引起人们对不安全因素的注意,预防事故的发生。安全标识不能替代安全操作规程和保护措施。

根据国家有关标准,安全标识应由安全色、几何图形和图形符号构成,必要时,还需要一些文字说明与安全标识一起使用。国家规定的安全色有红、蓝、黄、绿四种颜色,其含义是:红色表示禁止、停止和防火;蓝色表示指令或必须遵守的规定;黄色表示警告、注意;绿色表示提示、安全状态、通行。

第二节 施工安全技术措施

一、定义

施工安全技术措施是指为防止工伤事故和职业病的危害,从技术上采取的措施;在工程项目施工中,针对工程特点、施工现场环境、施工方法、劳力组织、作业方法使用的机械、动力设备、变配电设施、架具工具以及各项安全防护设施等制定的确保安全施工的预防措施,称为施工安全技术措施。工程项目的施工安全技术措施是施工组织设计的重要组成部分。它是工程施工中安全生产的指导性文件,具有安全法规的作用。

二、编制施工安全技术措施的意义

(一) 是贯彻执行国家安全法规的具体行动

安全技术措施不是一般的措施,它是国家规定的安全法规所要求的内容。所有建筑工程的施工组织设计必须有安全技术措施,并应该对工人讲解安全操作方法。施工企业编制项目的安全技术措施,就是具体落实国家安全法规的实际行动。通过编制和实施安全技术措施,可以提高施工管理人员、工程技术人员和操作人员的安全技术素质。

(二) 是提高企业竞争能力的基本条件

施工企业通过在建筑市场上进行投标来承揽工程。施工安全技术措施是工程项目投标书的重要内容之一,也是评标的关键指标之一。如果施工安全技术措施编制得好,就会赢得评委和招标单位的好评,增加中标的可能性,提高企业的竞争能力。

(三) 能具体指导现场施工

对于建筑施工,国家制定了许多规章制度和规程,这些都是带普遍性的规定要求。对某一个具体工程项目,特别是较复杂的或特殊的工程项目来说,还应依据不同工程项目的结构特点,制定有针对性的、具体的安全技术措施,如隧道掘进防坍塌的规定,架桥机作业防翻倾的规定等。安全技术措施,不仅具体地指导了施工,也是进行安全交底、安全检查和验收的依据,是职工生命安全的根本保证。

同时,施工安全技术措施作为施工技术资料保存下来,有益于对施工安全技术进行研究、总结和提高,为企业以后编制同类工程项目的施工安全技术措施提供借鉴。

(四) 有利于职工克服施工的盲目性和提高劳动生产率

编制施工安全技术措施,可使职工集中多方面的知识和经验,对施工过程中各种不安全因素有较深刻的认识,并采取可靠的预防措施,从而克服在施工中的盲目性。通过安全技术措施的实施,使职工对施工现场安全情况心中有数,避免产生畏惧、侥幸、麻痹等心理,有利于保证施工安全和提高劳动生产率。

三、施工安全技术措施的编制要求

(一) 要有超前性

为保证各种安全设施的落实,开工前应编审安全技术措施。在工程图纸会审时,就应考虑到施工安全问题,使工程的各种安全设施有较充分的准备时间，以保证其落实。当发生工程变更设计情况变化时，安全技术措施也应及时地补充完善。

(二) 要有针对性

施工安全技术措施是针对每项工程特点而制定的，编制安全技术措施的技术人员必须掌握工程概况、施工方法、施工环境、条件等第一手资料，并熟悉安全法规、标准等才能编写有针对性的安全技术措施，主要考虑以下几个方面。

①针对不同工程的特点可能造成施工的危害，从技术上采取措施，消除危险，保证施工安全。

②针对不同的施工方法，如井巷作业、水上作业、立体交叉作业、滑模、网架整体提升吊装、大模板施工等可能给施工带来不安全因素，从技术上采取措施，保证安全施工。

③针对使用的各种机械设备、变配电设施给施工人员可能带来危险因素，从安全保险装置等方面采取的技术措施。

④针对施工中有毒有害、易燃易爆等作业，可能给施工人员造成的危害，从技术上采取措施，防止伤害事故。

⑤针对施工现场及周围环境可能给施工人员或周围居民带来危害，以及材料、设备运输带来的不安全因素，从技术上采取措施，予以保护。

(三) 要有可靠性

安全技术措施均应贯彻于每个施工工序之中，力求细致全面、具体可靠。如施工平面布置不当，临时工程多次迁移，建筑材料多次转运，不仅影响施工进度，造成很大浪费，有的还留下安全隐患。再如易爆易燃临时仓库及明火作业区、工地宿舍、厨房等定位及间距不当，可能酿成事故。只有把多种因素和各种不利条件，考虑周全，有对策措施，才能真正做到预防事故。但是，全面具体不等于罗列一般通常的操作工艺、施工方法以及日常安全工作制度、安全纪律等。这些制度性规定，安全技术措施中不需再作抄录，但必须严格执行。

(四) 要有操作性

对大中型项目工程，结构复杂的重点工程除必须在施工组织总体设计中编制施工安全技术措施外，还应编制单位工程或分部分项工程安全技术措施，详细制定出有关安全方面的防护要求和措施，确保单位工程或分部分项工程的安全施工。对爆破、吊装、水下、井巷、支模、拆除等特殊工种作业，都要编制单项安全技术方案。此外，还应编制季节性施工安全技术措施。

四、施工安全技术措施的编制方法与步骤

通常工程项目安全技术措施由项目经理部总工程师或主管工程师执笔编制，分部分项工程施工安全技术措施由其主管工程师执笔编制、施工安全技术措施编制的质量好坏，将直接影响到施工现场的安全，为此，应掌握编制的方法与步骤。

（一）深入调查研究，掌握第一手资料

编制施工安全技术措施以前，必须对施工图纸、设计单位提供的工程环境资料要熟悉，同时还应对施工作业场所进行实地考察和详细调查，收集施工现场的地形、地质、水文等自然条件；施工区域的技术经济条件、社会生活条件等资料，尤其对地下电缆、煤气管道等危险性大而又隐蔽的因素，认真查清，并清楚地标在作业平面图上，以利于安全技术措施切合实际。

（二）借鉴外单位和本单位的历史经验

查阅外单位和本单位过去同类工程项目施工的有关资料，尤其是在施工中曾经发生过的各种事故情况；认真分析，找出原因，引为借鉴，并提出相应的防范措施。

（三）群策群力，集思广益

编制安全技术措施时，应吸收有施工安全经验的干部、职工参加，大家共同揭露不安全因素，摆明施工人员易出现的不安全行为。实践证明，采取领导、技术人员、安全员、施工员和操作人员相结合的方法编制施工安全技术措施，符合工程项目的实际情况，是切实可行的。那种单凭个别人闭门造车的编制，往往是纸上谈兵，或根本解决不了安全生产中的难点和重点问题。

（四）系统分析，科学归纳

对所掌握的施工过程中可能存在的各种危险因素，进行系统分析，科学归纳，查清各因素间的相互关系，以利于抓住重点、突出难点制定安全技术措施。对影响施工安全的操作者、管理、环境、设备、原材料及其他因素，采用因果分析图进行分析。

（五）制定切实可行的安全技术对策措施

利用因果分析图分析结果，抓住关键性因素制定对策措施。对策措施要有充分的科学依据，体现施工安全经验知识和可操作性。

（六）审批

工程项目经理部所编制的施工组织设计，其中包括安全技术措施，要经企业技术负责人审批。批准后的安全技术措施，在开工前送安全技术部门备案。一些特殊危险作业如特级高处作业、高压带电作业的安全技术措施，需经企业

总工程师审批。爆破作业需经公安、保卫部门审批。未经批准的安全技术措施，视为无效，且不准施工。

五、施工安全技术措施编制的主要内容

工程大致分为两种：一是结构共性较多的称为一般工程；二是结构比较复杂、技术含量高的称为特殊工程。同类结构的工程之间共性较多，但由于施工条件、环境等不同，所以也有不同之处。不同之处在共性措施中就无法解决。因此，不同的工程项目在编制施工安全技术措施时，应根据不同的施工特点，针对不同的危险因素，遵照有关规程的规定，结合以往同类工程的施工经验与教训，编制安全技术措施。

（一）一般工程安全技术措施

①抓好安全生产教育、健全安全组织机构、建立安全岗位责任制、贯彻执行"安全第一、预防为主"的方针等基础性工作。

②土方工程防塌方，根据基坑、基槽、地下室等开挖深度、土质类别，选择合适的开挖方法，确定边坡的坡度或采取何种护坡支撑和护地桩、以防塌方。

③脚手架、吊篮等选用及设计搭设方案和安全防护措施。

④高处作业的上下安全通道。

⑤安全网（平网、立网）的架设要求，范围（保护区域）、架设层次、段落。

⑥安装、使用、拆除施工电梯、井架（龙门架）等垂直运输设备的安全技术要求及措施，如位置搭设要求，稳定性、安全装置等要求。

⑦施工洞口及临边的防护方法和主体交叉施工作业区的隔离措施。

⑧场内运输道路及人行通道的布置。

⑨施工现场临时用电的合理布设、防触电的措施；要求编制临时用电的施工组织设计和绘制临时用电图纸；在建工程（包括脚手架）的外侧边缘与外电架空线路的间距达到最小安全距离采取的防护措施。

⑩现场防火、防毒、防爆、防雷等安全措施。

在建工程与周围人行通道及民房的防护隔离设置。

（二）特殊工程施工安全技术措施

对于结构复杂，危险性大的特殊工程，应编制单项的安全技术措施。如长大隧道施工、既有线改造、架梁、爆破、大型吊装、沉箱、沉井、烟囱、水塔、特殊架设作业、高层脚手架、井架和拆除工程必须编制单项的安全技术措施。并注明设计依据，做到有计算、有详图、有文字说明。

第六章 建筑工程安全管理

（三）季节性施工安全措施

季节性施工安全措施，就是考虑不同季节的气候，对施工生产带来的不安全因素，可能造成的各种突发性事故，从防护上、技术上、管理上采取的措施。一般建筑工程中在施工组织设计或施工方案的安全技术措施中，编制季节性施工安全措施；危险性大、高温期长的建筑工程，应单独编制季节性的施工安全措施。季节性主要指夏季、雨季和冬季。各季节性施工安全的主要内容如下。

①夏季气候炎热，高温时间持续较长，主要是做好防暑降温工作。

②雨季进行作业，主要应做好防触电、防雷、防坍方与防台风和防洪的工作。

③冬季进行作业，主要应做好防风、防火、防冻、防滑、防煤气中毒、防亚硝酸钠中毒的工作。

六、施工安全技术措施的实施

经批准的安全技术措施具有技术法规的作用，必须认真贯彻执行，否则就会变成一纸空文。遇到因条件变化或考虑不周需变更安全技术措施内容时，应经原编制、审批人员办理变更手续，否则不能擅自变更。

（一）认真进行安全技术措施交底

为使参与施工的干部、职工明确施工生产的技术要求和安全生产要点，做到心中有数，工程开工前，应将工程概况、施工方法和安全技术措施向参加施工的工地负责人、工班长进行交底，每个单项工程开工前，应重复进行单项工程的安全技术交底工作。安全技术交底工作应分级进行。工程项目经理部总工程师向分部分项主管工程师、施工技术队长及有关职能科室负责人等交底。施工技术队长向本队施工员、技术员、安全员及班组长进行详细交底。安全技术交底的最基层一级，也是最关键的一级，是单位工程技术负责人向班组进行的交底。通过各级交底，使执行者了解其具体内容和施工要求，为落实安全技术措施奠定基础。进行安全技术交底应有书面材料，双方签字并保存记录。安全技术措施交底的基本要求如下。

①工程项目应坚持逐级安全技术交底制度。

②安全技术交底应具体、明确、针对性强。交底的内容应针对分部分项工程中施工给作业人员带来的危险因素。

③工程开工前，应将工程概况、施工方法、安全技术措施等情况，向工地负责人、工班长进行详细交底；必要时直至向参加施工的全体员工进行交底。

④两个以上施工队或工种配合施工时，应按工程进度定期或不定期地向有

关施工单位和班组进行交叉作业的安全书面交底。

⑤工长安排班组长工作前，必须进行书面的安全技术交底，班组长应每天对工人进行施工要求、作业环境等书面安全交底。

⑥各级书面安全技术交底应有交底时间、内容及交底人和接受交底人的签字，并保存交底记录。

⑦应针对工程项目施工作业的特点和危险点。

⑧针对危险点的具体防范措施和应注意的安全事项。

⑨有关的安全操作规程和标准。

⑩一旦发生事故后应及时采取的避难和急救措施。

出现下列情况时，项目经理、项目总工程师或安全员应及时对班组进行安全技术交底。

A. 因故改变安全操作规程。

B. 实施重大和季节性安全技术措施。

C. 推广使用新技术、新工艺、新材料、新设备。

D. 发生因工伤亡事故、机械损坏事故及重大未遂事故。

E. 出现其他不安全因素、安全生产环境发生较大变化。

（二）落实安全技术措施

首先，保证安全技术措施经费，对于劳动保护费用，可由施工单位直接在施工管理费用开支；对于特殊的大型临时安全技术措施项目的经费，施工单位应同建设单位商定，作为大型临时施工设施；单独列入施工预算中解决。其次，对安全技术措施中的各种安全设施、防护设置应列入施工任务计划单，责任落实到班组或个人，并实行验收制度。

（三）加强安全技术措施实施情况的监督检查

技术负责人、安全技术人员、应经常深入工地检查安全技术措施的实施情况，及时纠正违反安全技术措施的行为，各级安全管理部门应以施工安全技术措施为依据，以安全法规和各项安全规章制度为准则，经常性地对工地实施情况进行检查，并监督各项安全措施的落实。具体内容为：①施工作业人员是否明确与已有关的安全技术措施；②是否在规定期限内落实了安全技术措施；③根据施工作业的情况，原措施内容是否有不完善或差错的地方，是否对施工安全技术措施方案作了符合施工客观情况的补充、调整和修改，并履行了审批手续。通过监督检查，及时纠正违反安全技术措施规定的行为，并补充、完善安全技术措施的不足。

（四）建立奖罚制度

对安全技术措施的执行情况，除认真监督检查外，还应对于实施安全技术措施好的施工队、作业班组及个人，给予经济的和精神的鼓励；对于没有很好地实施安全技术措施的单位及个人并造成严重后果的，要视其后果的损失大小给予批评、罚款直至追究责任。

七、施工安全控制要点

(一) 基本要求

①取得安全行政主管部门颁布的《安全施工许可证》后，方可施工。

②总包单位及分包单位都应持有《施工企业安全资格审查认可证》，方可组织施工。

③各类人员必须具备相应的安全生产资格，方可上岗。

④所有施工人员必须经过三级安全教育。

⑤特殊工种作业人员，必须持有（特种作业操作证）。

⑥对查出的事故隐患要做到"定整改责任人、定整改措施、定整改完成时间、定整改验收人"。

⑦必须把好安全生产措施关、交底关、教育关、防护关、检查关、改进关。

(二) 施工阶段控制要点

1. 基础施工阶段

①挖土机械作业安全。

②边坡防护安全。

③防水设备与临时用电安全。

④防水施工时的防火、防毒。

⑤人工挖扩孔桩安全。

2. 结构施工阶段

①临时用电安全。

②内外架及洞口防护。

③作业面交叉施工及临边防护。

④大模板和现场堆料防倒塌。

⑤机械设备的使用安全。

3. 装修阶段

①室内多工种、多工序的立体交叉施工安全防护。

②外墙面装饰防坠落。

③做防水油漆的防火、防毒。

④临电、照明及电动工具的使用安全。

4. 季节性施工

①雨季防触电、防雷击、防沉陷坍塌、防台风。

②高温季节防中暑、防中毒、防疲劳作业。

③冬季施工防冻、防滑、防火、防煤气中毒、防大风雪、防大雾。

第三节　安全隐患和事故处理

一、安全隐患处理

①检查中发现的隐患应进行登记，不仅作为整改的备查依据，而且是提供安全动态分析的重要信息渠道。如多数单位安全检查都发现同类型隐患，说明是"通病"，若某单位在安全检查中重复出现隐患，说明整改不彻底，形成"顽症"。根据检查隐患记录分析，制定指导安全管理的预防措施。

②安全检查中查出的隐患，还应发出隐患整改通知单。对凡存在即发性事故危险的隐患，检查人员应责令停工，被查单位必须立即进行整改。

③对于违章指挥、违章作业行为，检查人员可以当场指出，立即纠正。

④被检查单位领导对查出的隐患，应立即研究制定整改方案。按照"三定"（即定人、定期限、定措施），限期完成整改。

⑤整改完成后要及时通知有关部门派员进行复查验证，经复查整改合格后，即可销案。

二、伤亡事故处理

（一）事故和伤亡事故

从广义的角度讲，事故是指人们在实现有目的的行动过程中，由不安全的行为、动作或不安全的状态所引起的、突然发生的、与人的意志相反且事先未能预料到的意外事件，它能造成财产损失，生产中断，人员伤亡。

从劳动保护的角度讲，事故主要指伤亡事故，又称伤害。根据能量转移理论，伤亡事故是指人们在行动过程中，接触了与周围环境有关的外来能量，这种能量在一定条件下异常释放，反作用于人体，致使人身生理机能部分或全部丧失的现象。

事故是一种意外事件，是由相互联系的多种因素共同作用的结果；事故发生的时间、地点、事故后果的严重程度是偶然的；事故表面上是一种突发事件，但是事故发生之前有一段潜伏期；事故是可预防的，也就是说，任何事故,只要采取正确的预防措施,事故是可以防止的。因此,我们必须通过事故调查,找到易发生事故的原因,采取预防事故的措施,从根本上降低伤亡事故的发生频率。

(二) 伤亡事故分类

伤亡事故的分类,分别从不同方面描述了事故的不同特点。根据我国有关法规和标准,目前应用比较广泛的伤亡事故分类主要有以下几种。

1. 按伤害程度分类

指事故发生后,按事故对受伤者造成损伤以致劳动能力丧失的程度分类。

①轻伤,指损失工作日为1个工作日以上(含1个工作日),105个工作日以下的失能伤害。

②重伤,指损失工作日为105个工作日以上(含105个工作日)的失能伤害,但重伤的损失工作日最多不超过6000日。

③死亡,其损失工作日为6000日,这是根据我国职工的平均退休年龄和平均死亡年龄计算出来的。

"损失工作日"的概念,其目的是估价事故在劳动力方面造成的直接损失。因此,某种伤害的损失工作日数一经确定,即为标准值,与伤害者的实际休息日无关。

2. 按事故严重程度分类

①轻伤事故,指只有轻伤的事故。

②重伤事故,指有重伤没有死亡的事故。

③死亡事故,指一次死亡1~2人的事故。

④重大伤亡事故,指一次死亡3~9人的事故。

⑤特大伤亡事故,指一次死亡10人以上(含10人)的事故。

3. 按事故类别分类

《企业职工伤亡事故分类》中,将事故类别划分为20类,即物体打击、车辆伤害、机械伤害、起重伤害、触电、淹溺、灼烫、火灾、高处坠落、坍塌、冒顶片帮、透水、放炮、瓦斯爆炸、火药爆炸、锅炉爆炸、容器爆炸、其他爆炸、中毒和窒息、其他伤害。

4. 按受伤性质分类

受伤性质是指人体受伤的类型。常见的有:电伤、挫伤、割伤、擦伤、刺伤、撕脱伤、扭伤、倒塌压埋伤、冲击伤等。

(三) 伤亡事故的范围

①企业发生火灾事故及在扑救火灾过程中造成本企业职工伤亡。

②企业内部食堂、幼儿园、医务室、俱乐部等部门职工或企业职工在企业

的浴室。

③职工乘坐本企业交通工具在企业外执行本企业的任务或乘坐本企业通勤机车、船只上下班途中，发生的交通事故，造成人员伤亡。

④职工乘坐本企业车辆参加企业安排的集体活动，如旅游、文娱体育活动等，因车辆失火、爆炸造成职工的伤亡。

⑤企业租赁及借用的各种运输车辆，包括司机或招聘司机，执行该企业的生产任务，发生的伤亡。

⑥职工利用业余时间，采取承包形式；完成本企业临时任务发生的伤亡事故（包括雇佣的外单位人员）。

⑦由于职工违反劳动纪律而发生的伤亡事故，其中属于在劳动过程中发生的，或者虽不在劳动过程中，但与企业设备有关的。

（四）伤亡事故等级

建设部对工程建设过程中，按程度不同，把重大事故分为四个等级。

①一级重大事故，死亡30人以上或直接经济损失300万元以上的。

②二级重大事故，死亡10人以上，29人以下或直接经济损失100万元以上，不满300万元的。

③三级重大事故，死亡3人以上，9人以下；重伤20人以上或直接经济损失30万元以上，不满100万元的。

④四级重大事故，死亡2人以下；重伤3人以上，19人以下或直接经济损失10万元以上，不满30万元的。

（五）伤亡事故的处理程序

发生伤亡事故后，负伤人员或最先发现事故的人应立即报告领导。企业对受伤人员歇工满一个工作日以上的事故，应填写伤亡事故登记表并及时上报。

企业发生重伤和重大伤亡事故，必须立即将事故概况（包括伤亡人数、发生事故的时间、地点、原因）等，用快速方法分别报告企业主管部门、行业安全管理部门和当地公安部门、人民检察院。发生重大伤亡事故，各有关部门接到报告后应立即转报各自的上级主管部门。

对于事故的调查处理，必须坚持"四不放过"原则，按照下列步骤进行。

1. 迅速抢救伤员并保护好事故现场

事故发生后，现场人员不要惊慌失措，要有组织、听指挥，首先抢救伤员和排除险情，制止事故蔓延扩大，同时，为了事故调查分析需要，保护好事故现场，确因抢救伤员和排险，而必须移动现场物品时，应做出标识。因为事故现场是提供有关物证的主要场所，是调查事故原因不可缺少的客观条件。要求现场各种物件的位置、颜色、形状及其物理、化学性质等尽可能保持事故结束时的原来状态。必须采取一切可能的措施,防止人为或自然因素的破坏。

2. 组织调查组

在接到事故报告后的单位领导,应立即赶赴现场组织抢救,并迅速组织调查组开展调查。轻伤、重伤事故,由企业负责人或其指定人员组织生产、技术、安全等部门及工会组成事故调查组,进行调查;伤亡事故,由企业主管部门会同企业所在地区的行政安全部门、公安部门、工会组成事故调查组,进行调查。重大死亡事故,按照企业的隶属关系,由省、自治区、直辖市企业主管部门或者国务院有关主管部门会同同级行政安全管理部门、公安部门、监察部门、工会组成事故调查组,进行调查。死亡和重大死亡事故调查组应邀请人民检察院参加,还可邀请有关专业技术人员参加。与发生事故有直接利害关系的人员不得参加调查组。

3. 现场勘查

在事故发生后,调查组应速到现场进行勘查。现场勘查是技术性很强的工作,涉及广泛的科技知识和实践经验,对事故的现场勘察必须及时、全面、准确、客观。现场勘察的主要内容如下。

(1) 现场笔录

①发生事故的时间、地点、气象等。

②现场勘察人员姓名、单位、职务。

③现场勘察起止时间、勘察过程。

④能量失散所造成的破坏情况、状态、程度等。

⑤设备损坏或异常情况及事故前后的位置。

⑥事故发生前劳动组合、现场人员的位置和行动。

⑦散落情况。

⑧重要物证的特征、位置及检验情况等。

(2) 现场拍照

①方位拍照,能反映事故现场在周围环境中的位置。

②全面拍照,能反映事故现场各部分之间的联系。

③中心拍照,反映事故现场中心情况。

④细目拍照,提示事故直接原因的痕迹物、致害物等。

⑤人体拍照,反映伤亡者主要受伤和造成死亡伤害部位。

(3) 现场绘图

根据事故类别和规模以及调查工作的需要应绘出下列示意图。

①建筑物平面图、剖面图。

②事故时人员位置及活动图。

③破坏物立体图或展开图。

④涉及范围图。

⑤设备或工、器具构造简图等。

（4）分析事故原因

①通过全面的调查，查明事故经过，弄清造成事故的原因，包括人、物、生产管理和技术管理等方面的问题，经过认真、客观、全面、细致、准确的分析，确定事故的性质和责任。

②事故分析步骤，首先整理和仔细阅读调查材料。按标准，受伤部位、受伤性质、起因物、致害物、伤害方法、不安全状态和不安全行为等七项内容进行分析，确定直接原因、间接原因和事故责任者。

③分析事故原因时，应根据调查所确认事实，从直接原因入手，逐步深入到间接原因。通过对直接原因和间接原因的分析，确定事故中的直接责任者和领导责任者，再根据其在事故发生过程中的作用，确定主要责任者。

直接责任者，指在事故发生中有直接因果关系的人。主要责任者，是在事故发生中属于主要地位和起主要作用的人。重要责任者，是在事故责任者中，负一定责任，起一定作用，但不起主要作用的人。领导责任者，是指忽视安全生产，管理混乱，规章制度不健全，违章指挥，冒险蛮干，对工人不认真进行安全教育，不认真消除事故隐患，或者出现事故以后仍不采取有力措施，致使同类事故重复发生的单位领导。

4. 事故性质类别

①责任事故，就是由于人的过失造成的事故。

②非责任事故，即由于人们不能预见或不可抗力的自然条件变化所造成的事故或是在技术改造、发明创造、科学试验活动中，由于科学技术条件的限制而发生的无法预料的事故。但是，对于能够预见并可以采取措施加以避免的伤亡事故，或没有经过认证研究解决技术问题而造成的事故，不能包括在内。

③破坏性事故，即为达到既定目的而故意制造的事故。对已确定为破坏性事故的，应由公安机关认真追查破案，依法处理。

5. 制定预防措施

为了确保安全生产，防止类似事故再次发生，要求根据对事故原因的分析，编制防范措施。防范措施要有针对性、适用性、可操作性，要指定每项措施的执行者和完成措施的具体时限，项目经理、主管安全的领导和安全检查人员要及时组织检查验收，并向上级有关部门反馈工地整改情况。同时，根据事故后果和事故责任者应负的责任提出处理意见。对于重大未遂事故不可掉以轻心，也应严肃认真按上述要求查找原因，分清责任，严肃处理。

6. 写出调查报告

调查组应着重把事故发生的经过、原因、责任分析和处理意见以及本次事故的教训和改进工作的建议等写成报告，经调查组全体人员签字后报批。如调查组内部意见有分歧，应在弄清事实的基础上，对照法律法规进行研究，统一认识。对于个别同志仍持有不同意见的允许保留，并在签字时写明自己的意见。

7. 事故的审理和结案

①事故调查处理结论，应经有关机关审批后，方可结案。伤亡事故处理工作应当在90日内结案，特殊情况不得超过180日。

②事故案件的审批权限，同企业的隶属关系及人事管理权限一致。

③对事故责任者的处理，应根据其情节轻重和损失大小，谁有责任，主要责任，其次责任，重要责任，一般责任，还是领导责任等，按规定给予处分。

④要把事故调查处理的文件、图纸、照片、资料等记录长期完整地保存起来。

8. 员工伤亡事故登记记录

①员工重伤、死亡事故调查报告书，现场勘察资料（记录、图纸、照片）。

②技术鉴定和试验报告。

③物证、人证调查材料。

④医疗部门对伤亡者的诊断结论及影印件。

⑤事故调查组人员的姓名、职务，并应逐个签字。

⑥企业或其主管部门对该事故所作的结案报告。

⑦受处理人员的检查材料。

⑧有关部门对事故的结案批复等。

9. 关于工伤事故统计报告中的几个具体问题

①"工人职员在生产区域中所发生的和生产有关的伤亡事故"，是指企业在册职工在企业生产活动所涉及的区域内（不包括托儿所、食堂、诊疗所、俱乐部、球场等生活区域），由于生产过程中存在的危险因素的影响，突然使人体组织受到损伤或某些器官失去正常机能，以致负伤人员立即中断工作的一切事故。

②员工负伤后一个月内死亡，应作为死亡事故填报或补报；超过一个月死亡的，不作死亡事故统计。

③员工在生产工作岗位干私活或打闹造成伤亡事故，不作工伤事故统计。

④企业车辆执行生产运输任务（包括本企业职工乘坐企业车辆）行驶在场外公路上发生的伤亡事故，一律由交通部门统计。

⑤企业发生火灾、爆炸、翻车、沉船、倒塌、中毒等事故造成旅客、居民、行人伤亡，均不作职工伤亡事故统计。

⑥停薪留职的职工到外单位工作发生伤亡事故由外单位负责统计报告。

（六）职业病处理

职工被确诊患有职业病后，其所在单位应根据职业病诊断机构的意见，安排其医疗或疗养。在医治或疗养后被确认不宜继续从事原有害作业或工作的，应自确认之日起的两个月内将其调离原工作岗位，另行安排工作；对于因工作需要暂不能调离的生产、工作的技术骨干，调离期限最长不得超过半年。患有职业病的职工变动工作单位时，其职业病待遇应由原单位负责或两个单位协调处理，双方商妥后方可办理调转手续。并将其健康档案、职业病诊断证明及职业病处理情况等材料全部移交新单位。调出、调入单位都应将情况报告所在地的劳动卫生职业病防治机构备案。职工到新单位后，新发生的职业病不论与现工作有无关系，其职业病待遇由新单位负责。劳动合同制工人、临时工终止或解除劳动合同后，在待业期间新发现的职业病，与上一个劳动合同工作有关时，其职业病待遇由原终止或解除劳动合同的单位负责。如原单位已与其他单位合并，由合并后的单位负责；如原单位已撤销，应由原单位的上级主管机关负责。

第四节 职业健康安全管理体系

一、职业健康安全管理体系基本原理

OSHMS 的思想建立在 PDCA（戴明环）理论基础之上。按照戴明模型，一个组织的活动可分为：计划（Plan）、实施（Do）、检查（Check）、改进（Action）四个相互联系的环节。

（一）计划环节

作为行动基础，对某些事情进行预先考虑，包括决定干什么，如何干，什么时候干以及谁去干等问题。计划环节是对管理体系的总体规划，包括：①确定组织的方针、目标；②配备必要资源，包括人力、物力、财力资源等；③建立组织机构，规定相应职责、权限及其相互关系；④识别管理体系运行的相关活动或过程，并规定活动或过程的实施程序和作业方法等。为了使组织的管理制度化，以上过程以文件的形式反映，称为"文件化的管理体系"。

（二）实施环节

按照计划规定的程序（如组织机构、程序和作业文件等）进行实施。实施过程与计划的符合性及实施结果决定了组织能否达到预期目标。所以，保证所有活动处于受控状态是实施的关键。

（三）检查环节

为了确保计划的有效实施，需要对实施效果进行监测与测量，并采取措施修正、消除可能产生的行为偏差。

（四）改进环节

管理过程不是一个封闭的系统，需要随着管理的进程，针对管理活动中发现的不足或根据变化的内、外部条件，不断进行调整、完善。

二、OSHMS 的特征

职业健康安全管理体系由职业健康安全方针、策划、实施与运行、检查与纠正措施和管理评审五大功能块组成，每一功能块又由若干相互联系、相互作用的要素组成。所有要素组成了一个有机的整体，使体系能完成特定的功能。这一体系具有以下特点。

（一）系统性

所谓"系统"，就是由相互作用、相互依存的若干组成部分，依据一定的功能有机组织起来的综合整体。OSHMS 标准从管理思想上具有整体性、全局性、全面性等系统性特征，从管理的手段体现出结构化、程序化、文件化的特点。

第一，强调组织各级机构的全面参与——不仅要有从基层岗位到组织最高管理层之间的运作系统，同时还应具备管理绩效的监控系统，组织最高管理层依靠这两个系统，确保职业健康安全管理体系的有效运行。

第二，要求组织实行程序化管理，实现管理过程全面的系统控制。这与我国过分地依赖于管理者的主观能动性的传统的管理方法有着根本区别。这样，既可以避免管理行为的盲目性，也可以避免管理当中人为的失误以及部门之间、岗位之间的责权不清，以至于事故发生后互相推诿，推卸责任。

第三，管理体系的文件化也是一个比较复杂的系统工程。按照 OSHMS 标准的要求，组织不仅要制定和执行职业健康安全方针、目标，还要有一系列的管理程序，以使该方针、目标在管理活动中得到落实，并且保证 OSHMS 按照已制定的手册、程序文件、作业文件进行，从而符合强制性规定和规则。这些方针、手册、程序文件和作业文件及其相应的记录构成了一个层次分明、相互联系的文件系统。同时，OSHMS 标准又对文件资料的控制提出要求，从而使这一文件系统更具科学性和合理性。

第四，OSHMS标准的逻辑结构为编写职业健康安全管理手册提供了一个系统的结构基础。

（二）先进性

依据标准建立的OSHMS，是组织不断完善、改进和提高OSH管理的一种先进、有效的管理手段。该体系将现代企业先进的管理理论运用于OSH管理，把组织安全生产活动当作一个系统工程，研究确定影响OSH包含的要素，将管理过程和控制措施建立在科学的危险源辨识、风险评价基础之上。为了保障安全和健康，对每个要素做出了具体规定，并建立和保持三层文件（管理手册、程序文件、作业文件）。对于一个已建立体系的组织，最好按三层文件的规定执行，坚持"写到的要做到"的原则，才有可能确保体系的先进性和科学性。

（三）预防性

危险源辨识、风险评价与控制是职业健康安全管理体系的精髓，它在理论和方法上保证了"预防为主"方针的实现。实施有效的风险辨识、评价与控制，可实现对事故的预防和生产作业的全过程控制。对各种作业和生产过程实行评价，在此基础上进行OSHMS策划，形成文件，对各种预知的风险因素做到事前控制，实现预防为主。对各种潜在的事故制定应急程序，力图使损失最小化。

组织要通过OSHMS认证，必须遵守法律、法规和其他要求。通过宣传和贯彻OSHMS标准，将促进组织从过去被动地执行法律、法规，转变为主动地去按照法律、法规要求，不断发现和评估自身存在的职业健康安全问题，制定目标并不断改进。这完全有别于那种被动的管理模式。通过建立OSHMS，使组织的职业健康安全真正走上预防为主的轨道。

（四）动态性

OSHMS具有动态性的特点，持续改进是其核心。OSHMS标准明确要求组织的最高管理者，在OSH方针中应包括对持续改进的承诺，遵守有关法律、法规和其他要求的承诺，并制定切实可行的目标和管理方案，配备相应的各种资源。这些内容是实施OSHMS的依据，也是基本保证。同时，标准还要求组织的最高管理者应定期对体系进行评审，以确保体系的持续适用性、充分性和有效性。通过管理评审使体系日臻完善，使组织的职业健康安全管理提高到一个新的水平。

按照PDCA（戴明环）所建立的OSHMS，就是在方针的指导下，周而复始地进行"策划、实施与运行、检查与纠正措施和管理评审"活动。体系在每一个周期的运行过程中,必定会随着管理科学和技术水平的提高,职业健康安全法律、法规及各项技术标准的健全完善,组织管理者及全体员工安全意识的提高,不断地、自觉地加大职业健康安全工作的力度,强化体系的功能,达到持续改进的目的。

(五) 全过程控制

OSHMS标准要求以过程促成结果,即在实施过程中,对全过程进行控制,最终达到职业健康安全零风险。职业健康安全管理体系的建立,引进了系统和过程的概念,即把职业健康安全管理作为一项系统工程,以系统分析的理论和方法来解决职业健康安全问题。从分析可能造成事故的危险因素入手,根据不同情况采取相应的预防、纠正措施。在研究组织的活动、产品和服务对职业健康安全的影响时,通常把可能造成事故的危险因素分为两大类:一类是和组织的管理有关的危险因素,可通过建立管理体系,加强内部审核、管理评审和人的行为评价来解决;另一类是针对原材料、工艺过程、设备、设施、产品整个生产过程的危险因素,通过采取管理和工程技术的措施消除或减少。为了有效地控制整个生产活动过程的危险因素,必须对生产的全过程进行控制,采用先进的技术、工艺、设备,全员参与,才能确保组织的职业健康安全状况得以改善。

(六) 功效性

建立、实施OSHMS不是目的,而是为企业持续改进OSH状况提供了一个科学的、结构化的管理框架,其作用是帮助企业实现和改进自己所设定的OSH方针、目标而采用的一种工具。因此,建立与运行OSHMS本身不可能产生立即降低安全隐患和职业病的效用。这就是说,OSHMS最终目标的实现,还必须依赖于安全生产、事故预防等最佳实用技术的投入。

三、推行OSHMS的必要性和意义

(一) 推行OSHMS可以促进职业健康安全管理水平的提高

OSHMS是建立在现代系统化管理的科学理论之上,以系统安全的思想为基础,从企业整体活动出发,把管理的重点放在事故预防的整体效应上,实行全员、全过程、全方位的程序化、文件化的安全管理。许多组织自愿建立职业健康安全管理体系。并通过认证,然后又要求其相关方进行体系的建立与认证,这样就形成了链式效应,依靠市场推行OSHMS,可以达到依靠政府强制推动达不到的效果,有利于促进企业职业健康安全管理水平的提高。推行OSHMS,是将企业安全管理由单纯的政府行为、行业监督以及上级要求转变为企业自愿行为,OSH工作由被动消极地服从转变为积极主动地参与。从而形成自我检查、自我纠正、自我完善的机制，促进安全生产管理水平的提高。

（二）推行OSHMS有利于提高企业的经济效益

建立职业健康安全管理体系，加强经济技术投入，可能会增加一些生产成本，但从长远观点来看，将对企业生产力发展起到非常重要的促进作用。一方面，实施OSHMS不同于传统的安全大检查，也不同于经常采用的日常巡检，体系能够自我发现、自我纠正、自我完善，持续改进安全管理绩效；另一方面，由于改善施工作业条件，提高劳动者自身安全和健康，能够明显提高劳动效率。应用OSHMS，对施工过程中的风险进行评估、审核和持续改进，不断发现施工过程中的危险隐患和职业危害并采取有效预防措施，采用人机工效学等现代科学技术方法来改造工艺、革新工艺和改进劳动组织，提高劳动率，这些都对企业的经济效益和生产发展有长期性的积极效应。

（三）推行OSHMS有利于企业树立良好的形象，提高综合竞争力

在市场经济社会中，现代企业的形象就是信誉，也是重要的资源。按照职业健康安全管理体系规范的要求，建立"以危害为核心"的现代安全管理体系，是企业充分考虑员工的职业健康和安全保障，为员工创造一个安全舒适的工作环境，体现了"以人为本"的企业文化，树立了一个良好的形象。从企业的长远发展而言，最根本的是取决于市场，而市场竞争能力取决于企业内部各项工作的管理，包括OSH管理工作。一个现代化的企业，除了经济实力和技术能力外，还要有强烈的社会关注力和责任感以及保证职工安全与健康的良好途径和绩效。因此，实施OSHMS可使企业获得投标的权力或高中标率，提高企业竞争能力。

总之，建立职业健康安全管理体系是员工的需求，尤其是企业自身发展的需求。鼓励企业建立职业健康安全管理体系，是健全企业自我约束机制，标本兼治，综合治理，把安全生产工作纳入法治化、规范化和程序化轨道的重要措施之一，也是建立现代企业制度，贯彻"安全第一，预防为主"方针，提高企业市场竞争力的重要内容和措施。

四、施工企业建立 OSHMS

（一）领导决策

组织建立职业健康安全管理体系需要领导者的决策，特别是最高管理者的决策。只有在最高管理者认识到建立职业健康安全管理体系必要性的基础上，组织才有可能在其决策下开展这方面的工作。另外，职业健康安全管理体系的建立，需要资源的投入，这就需要最高管理者对改善组织的职业健康安全行为作出承诺，从而使得职业健康安全管理体系的实施与运行得到充足的资源。

企业最高管理者（总经理）任命管理者代表。在工会委员中推选出员工OSH代表，并向职工公布。OSH代表代表职工参与安全例会、程序编制和事故处理，组织劳动保护监督等安全管理事务。

（二）成立贯标组

①成立贯标组（比如由安全、消防、设备、卫生、工会等OSH管理相关部门骨干组成）。

②成立危险源辨识和风险评价小组（由专业人员、主管人员或专家组成）。

贯标组负责人最好是管理者代表，或者是管理者代表之一。根据组织的规模，管理水平及人员素质，贯标组的规模可大可小，可专职或兼职，可以是一个独立的机构（比如贯标办），也可挂靠在某个部门（比如安质部）。

（三）初始状态评审

对于刚开始建立职业健康安全管理体系的企业，首先应当通过初始状态评审即危害识别和风险评价的方式，确定自己的职业健康安全管理现状。OSHMS初始状态评审可提醒企业所具有的一切职业健康安全风险，为确定职业健康安全风险控制的优先顺序，有效控制不可承受的风险提供依据，也是制定OSH方针、目标指标和管理方案及编制体系文件的基础。

初始状态评审的内容：①生产活动、产品和服务过程中的危险源辨识及风险评价，确定本企业不可承受的风险界线（等于或低于法规界限）。危险源辨识可先按工程部位（如基础、主体结构、装饰或原材、加工、组装、运输）划分后，再按每个作业活动进行危害因素辨识和风险评价，最后确定企业在OSHMS管理中的重大风险并加以控制；②获取并识别企业现行法律、法规和其他要求以及适用性评价。OSH法律、法规及其他要求的获取可根据危害清单查询，形成法律法规清单初稿后，与危险源辨识工作同时进行，最后形成与危害对应的法律法规标准的清单；③检查所有现行的职业健康安全管理实践、过程和程序是否合理；是否满足OSHMS有效运行；④搜集企业以往事故、事件及职业病的调查分析和统计资料，并对纠正预防措施进行评价；⑤写出初始状态评审报告。

但应注意的是，初始评审不能代替危险源辨识、风险评价和风险控制策划，也就是说，组织还需在初始评审的基础上系统实施对危险源辨识、风险评价和风险控制的策划。

（四）体系策划与设计

体系策划阶段，主要是依据初始状态评审的结论制定职业健康安全方针，制定组织的职业健康安全目标、指标和相应的职业健康安全管理方案，确定组织机构和职责，筹划各种运行程序等。

OSH 方针的制定要做到"一适应、一框架、两承诺":即适应企业的特点、性质、规模和经营状况;为目标、指标的制定勾划出框架;遵守法律、法规及其他要求的承诺,持续改进的承诺。可在全公司范围内开展"方针征集活动",经评选、修改后呈报最高管理者批准方针;方针应定期进行评审,确保适宜性。

管理方案是目标和指标的实施方案,是保证目标、方针实现和改善职业健康安全的关键因素。针对需要增加硬件设施和采用完善的控制文件、但不能有效执行的重大风险采用管理方案控制。管理方案包括不可接受风险因素、短期内的重大危害因素的控制措施、目标、指标、经费、责任部门、责任人、启动时间、完成日期等。方案必须符合法律、法规要求以及程序文件的控制要求。其中的目标和指标要做到量化。

贯标组进行职能分解并确定 OSHMS 组织机构,使体系中各要素所涉及的职能逐一分配到各部门,分工合理,确保各项要素都能得到覆盖。

(五)体系文件的编制

OSHMS 是一个系统化、程序化和文件化的管理体系,文件化的管理使不同的人能够按同一标准操作,避免了管理行为因部门、因人、因时而异的随意性。

首先,可整理企业目前安全管理运作流程,按照标准要求重组,设计出体系架构。其次,按架构编写 OSH 管理手册、程序文件、操作规程及记录等作业文件。体系文件编写原则是"写你要做的,做你所写的,记你所做的"。文件编写要满足审核标准和法律、法规的要求,内容应涵盖审核标准的所有要素,不得脱离审核标准或与审核标准条款相冲突。管理手册与程序文件、程序文件与作业文件之间应注意相互协调,特别是程序文件中职能的描述应与手册相一致。同时,体系文件的规定应与企业其他管理规定技术标准、规范相协调。体系文件还需要在体系运行过程中定期、不定期的评审和修改,以保证它的完善和持续有效。

(六)体系试运行

体系试运行与正式运行无本质区别,都是按所建立的 OSHMS 管理手册、程序文件及作业文件的要求,整体协调地运行。试运行的目的是要在实践中检验体系的充分性、适用性和有效性。组织应加强运作力度,并努力发挥体系本身所具有的各项功能,充分发现问题,分析出问题的根源,采取纠正措施,对体系进行修正,以尽快渡过磨合期。试运行时间至少 3 个月。

试运行前,组织应分层次组织员工进行学习及其要求体系,确保员工能够理解,能够积极、全面地参与和支持体系运行和活动。体系实施过程中,及时反馈运行过程中出现的问题,并及时采取纠正措施,确保体系不断完善。

(七) 内部审核

职业健康安全管理体系的内部审核是体系运行必不可少的环节。体系经过一段时间的运行,组织应当具备检验职业健康安全管理体系是否符合职业健康安全管理体系标准要求的条件,应开展内部审核。职业健康安全管理者代表应亲自组织内审,内审员应经过专门知识的培训。如果需要,组织可聘请外部专家参与或主持审核。组织应依据法律、法规、审核规范、体系文件要求对体系覆盖的所有职能部门和项目部进行内部审核。内审员在文件预审时,应重点关注和判断体系文件的完整性、符合性及一致性;在现场审核时,重点关注体系功能的适用性和有效性,检查是否按体系文件要求去运作。对内部审核发现的问题和一般不符合项提出纠正整改意见,要求有关责任单位举一反三,积极整改。

(八) 管理评审

管理评审是职业健康安全管理体系整体运行的重要组成部分。管理者代表应收集各方面的信息为管理评审提供输入。最高管理者主持管理评审会议,应对体系试运行阶段整体状态作出全面的评判,对体系的持续适宜性、充分性和有效性作出评价。依据管理评审的结论,可以对是否需调整、修改体系做出决定,也可做出是否实施第三方认证的决定。

(九) 选择认证机构

工程项目安全管理工作涉及面广、内容多,专业性、技术性较强,必须寻求一个有足够资源与职业健康安全知识、建筑施工专业知识较强的认证机构作为中介机构。否则,就会顾此失彼,使企业推行OSHMS认证的广度和深度不够,使日常管理和OSHMS运行实际脱离而形成"双轨制""两层皮"现象。

管理评审做出实施第三方认证的决定后,选择合适的认证机构,递交认证申请,签订认证合同。协商审核日程,由认证机构执行一、二阶段审核。

(十) 关于三个体系整合

对于已建立质量管理体系(QMS)、环境管理体系(EMS)的企业,在建立职业健康安全管理体系(OSHMS)时,可考虑三个体系的整合,建立全面管理体系(TMS),但应注意体系整合的核心不是手册、程序文件的简单重组,而是应结合企业经营整个流程再造进行,以提高体系运行效率。

体系整合应视具体条件有计划有步骤地进行,比如,OSHMS和EMS都是17个要素,除了危险源辨识、风险评价和风险控制计划和环境因素不同外,其他16个要素的要求基本相同,两个体系存在着很大的兼容性。可先把

OSHMS 和 EMS 进行整合，在条件成熟时，再与 QMS 进行整合，做到"三位一体"。

三个体系遵循共同的管理理念 PDCA，三个体系的对象不同，但目标一致，准则相同。QMS 的重点是在生产过程和最终产品，EMS 的重点在环境，涉及产品整个生命周期，OSH 的重点在员工保护。对企业管理来说，本来就应该把降废减损、防止污染和职业健康安全同时加以考虑，而这些又是搞好产品质量的切入点和前提条件，三个体系是相辅相成的。企业要发展，就必须不断创新，不断满足用户的需求，不断向更高的目标迈进。

参考文献

[1] 郝占国，苏晓明．多元视角下建筑设计理论研究［M］．北京：北京工业大学出版社，2019.09．

[2] 杨龙龙．建筑设计原理［M］．重庆：重庆大学出版社，2019.08．

[3] 肖凯成，郭晓东，杨波．建筑工程项目管理［M］．北京：北京理工大学出版社，2019.08．

[4] 陆总兵．建筑工程项目管理的创新与优化研究［M］．天津：天津科学技术出版社，2019.04．

[5] 潘智敏，曹雅娴，白香鸽．建筑工程设计与项目管理［M］．长春：吉林科学技术出版社，2019.05．

[6] 赵庆华，汤鸿，周振国．工程项目管理第2版［M］．南京：东南大学出版社，2019.06．

[7] 韩少男．工程项目管理［M］．北京：北京理工大学出版社，2019.02．

[8] 高倩，余佳佳．工程项目成本管理［M］．成都：西南交通大学出版社，2019.01．

[9] 索玉萍，李扬，王鹏．建筑工程管理与造价审计［M］．长春：吉林科学技术出版社，2019.05．

[10] 朱祥亮，漆玲玲．建设工程项目管理［M］．南京：东南大学出版社，2019.02．

[11] 杨苡滦，郑宇．建筑工程施工资料管理［M］．北京：北京理工大学出版社，2019.08．

[12] 和金兰．BIM技术与建筑施工项目管理［M］．延吉：延边大学出版社，2019.07．

[13] 李琳，郭红雨，刘士洋．建筑管理与造价审计［M］．长春：吉林科学技术出版社，2019.05．

[14] 经宏启，陈赛红，李小明．工程经济管理［M］．合肥：安徽大学出版社，2019.08．

[15] 祝连波，鄢晓非，吴贵弟．建设工程经济［M］．南京：东南大学出版社，2019.08.

[16] 何俊，马庆华，张莉．建筑工程经济第 3 版［M］．武汉：华中科技大学出版社，2020.08.

[17] 刘兵，刘广文．建筑施工组织与管理第 3 版［M］．北京：北京理工大学出版社，2020.06.

[18] 袁志广，袁国清．建筑工程项目管理［M］．成都：电子科学技术大学出版社，2020.08.

[19] 姚亚锋，张蓓．建筑工程项目管理［M］．北京：北京理工大学出版社，2020.12.

[20] 李红立．建筑工程项目成本控制与管理［M］．天津：天津科学技术出版社，2020.07.

[21] 项勇，卢立宇，徐姣姣．现代工程项目管理［M］．北京：机械工业出版社，2020.09.

[22] 庞业涛．装配式建筑项目管理［M］．成都：西南交通大学出版社，2020.08.

[23] 王建玉．建筑智能化工程施工组织与管理［M］．北京：机械工业出版社，2020.01.

[24] 杨承惄，陈浩．绿色建筑施工与管理［M］．北京：中国建材工业出版社，2020.10.

[25] 谢晶，李佳颐，梁剑．建筑经济理论分析与工程项目管理研究［M］．长春：吉林科学技术出版社，2021.06.

[26] 潘三红，卓德军，徐瑛．建筑工程经济理论分析与科学管理［M］．武汉：华中科技大学出版社，2021.09.

[27] 刘哲．建筑设计与施组织管理［M］．长春：吉林科学技术出版社，2021.04.

[28] 姜守亮，石静，王丹．建筑工程经济与管理研究［M］．长春：吉林科学技术出版社，2022.08.

[29] 何子奇．建筑结构概念及体系［M］．重庆：重庆大学出版社，2022.02.

[30] 张迪，申永康．建筑工程项目管理第 2 版［M］．重庆：重庆大学出版社，2022.08.

[31] 刘树玲，刘杨，钱建新．工程建设理论与实践丛书建筑工程项目管理［M］．武汉：华中科技大学出版社，2022.12.

[32] 薛驹，徐刚. 建筑施工技术与工程项目管理［M］. 长春：吉林科学技术出版社，2022.09.

[33] 史华. 建筑工程施工技术与项目管理［M］. 武汉：华中科技大学出版社，2022.10.

[34] 袁晴华，李建英，张云英. 建筑经济与建筑工程项目管理研究［M］. 哈尔滨：哈尔滨出版社，2023.01.

[35] 刘尊明，张永平，朱锋. 建筑工程资料管理第3版［M］. 北京：北京理工大学出版社，2023.08.

[36] 王江容. 项目管理理论与实践［M］. 南京：东南大学出版社，2023.04.

[37] 王廷魁，谢尚贤. BIM与工程管理［M］. 重庆：重庆大学出版社，2023.02.

[38] 陈平，田洋，朱崇利. 工程经济学［M］. 北京：北京理工大学出版社，2023.03.

[39] 孙丰旋. 工程经济学［M］. 北京：北京理工大学出版社，2023.09.

[40] 吴伟巍. 建设项目平台治理模式理论与实践［M］. 南京：东南大学出版社，2023.12.